Birgit Müller

Grillen mit dem
Kontaktgrill

ISBN 3 8068 0441 9
© 1978 by Falken-Verlag Erich Sicker KG,
6272 Niedernhausen/Ts.
Fotos: Peter Jansen, Düsseldorf
Satz: Typo-Studio Oberländer, Wiesbaden
Druck: Neuwieder-Verlagsgesellschaft mbH, Neuwied

817 2635 4453 6271

Inhalt

Grillen mit System   6
    Grillen mit System – mit Grill-Systemen   7
    Kontaktgrillen   8
    Grilltoasten oder Überbacken   9
    Kombiniertes Grillen   9
    Partygrillen   10
    Rotationsgrillen   10
    Pfannenschmaus aus der Casserole   11
    Warmhaltung/Kochen-Braten   11
    Waffeln backen   12

Gegrilltes vom Kalb   13
    Die einzelnen Teile des Kalbes   14
Gegrilltes vom Rind   21
    Die einzelnen Teile des Rindes   22
Gegrilltes von Hammel und Lamm   30
    Die einzelnen Teile des Lamms bzw. Hammels   31
Gegrilltes vom Schwein   36
    Die einzelnen Teile des Schweins   36
Gegrilltes vom Wild   43
Geflügel und Wildgeflügel   48
Gegrillter Fisch und Schalentiere   55
Pikantes für Parties   59
Tolle Toasts   64
Pizza della Italia   67
Vorspeisen und Desserts   71
Rezeptverzeichnis   79

Grillen mit System

Heute ist Grillen mehr, als nur ein Stück Fleisch über offenes Feuer zu halten, wie es unsere Vorfahren getan haben. Auch denkt man, wenn man von Grillen spricht, an den offenen Gartengrill oder den traditionellen Kastengrill für die Küche.
Doch inzwischen sind eine große Anzahl von verschiedenen Grillmöglichkeiten entwickelt worden. Eine Vielfalt unterschiedlicher Geräte gibt Ihnen ganz differenzierte Möglichkeiten der Speisezubereitung. Dafür haben wir dieses Grillbuch vorbereitet.
Und diese Geräte können drinnen und draußen, in der Küche oder am Eßtisch verwendet werden.
Grillen mit System bedeutet
- *Speiseplanung, vom Kurzgebratenen bis zu raffinierten Köstlichkeiten oder verfeinerten Gerichten aus der Casserole und saftigen Spießbraten.*
- *Grillvergnügen mit dem Partygrill, Bewirtungsmöglichkeit für viele Gäste wegen der minutenschnellen Zubereitung im Kontaktgrill. Bei vielen Gerichten können die Gäste selbst nach Belieben, wie beim Fondue, Fleischstückchen garen, Gemüse brutzeln.*
- *Flexibilität. Überraschender Besuch ist kein Problem mehr. Wie schnell ist ohne Mühe ein Stück Fleisch im Kontaktgrill zubereitet, wie einfach sind belegte Toasts zu überbacken – oder, wenn Geräte durch Waffelplatten zum kompletten Waffeleisen gemacht werden können, wie schnell sind mit einfachen Mitteln leckere Waffeln bereitet.*

● *Gesunder Spaß – denn es kann ohne Fett oder Öl gegrillt werden (auch wenn wir bei den meisten Rezepten Öl angegeben haben, wenn Sie es nicht mögen, lassen Sie es einfach weg).*

Grillen mit System – mit Grillsystemen

Die modernen Geräte beinhalten mehrere oder alle nachstehend aufgeführten Möglichkeiten in ihrem System. Am umfangreichsten ist bisher das KRUPS Grillsystem 2002, das alle aufgeführten Speisebereitungen ermöglicht.

So sind auch die angegebenen Zeiten und Reglerstellungen am KRUPS Grillsystem 2002 ermittelt. Wenn sie andere Geräte besitzen, so müssen Sie sich der kleinen Mühe unterziehen, die Angaben ein wenig zu korrigieren. Die Reglerstellung 6 entspricht weitgehend der höchsten Hitze bei anderen Geräten.

Aber Sie wissen selbst: Zeiten und Temperaturen hängen sehr stark vom jeweiligen Fleischstück ab oder von Ihrem persönlichen Geschmack, ob Sie etwas stärker oder weniger stark durchgebraten haben möchten. Aber Ihnen als erfahrene Hausfrau oder Ihnen als Amateurkoch wird dies nicht schwerfallen.

*Im übrigen sind diese Rezepte wie alle Rezepte Denkanstöße und lassen Ihnen alle Variationsmöglichkeiten.
Auch die angegebenen Beilagen sind nur als kleine Hilfe zu werten.
Lassen Sie Ihr Auge mitessen, denn Gegrilltes sieht besonders appetitlich aus. Und beim Grillen am Tisch geht der Geschmack auch durch die Nase.*

Kontaktgrillen

*Grillen läßt sich praktisch alles, was kurzgebraten wird. Dabei geben beheizte Platten sowohl von unten als auch von oben Wärme durch Berührung an das Grillgut ab. Dies ist ein besonderer Vorteil, da die Poren des Grillgutes sofort von beiden Seiten geschlossen werden. Die Grillade bleibt besonders zart und saftig. Ein Wenden ist natürlich nicht notwendig.
Bei einigen Geräten ist das Oberteil derart gelenkig angebracht, daß sich die obere Platte jeder Dicke des Fleischstückes anpaßt.
Durch die Rillenanordnung an der Oberfläche der Platten erhält das Grillgut die charakteristischen Bräunungsstreifen, die Gegrilltes besonders dekorativ machen. Ein besonders schönes Grillmuster erhält man, wenn die Fleischstücke nochmals um $90°$ gedreht werden.*

Grilltoasten oder Überbacken

*Dies ist eine besonders schnelle und individuelle Art, phantasievolle Toasts zu überbacken, ebenso Suppen oder Gemüsespezialitäten.
Die Infrarotstrahlung gart vom Oberteil aus (besonders vorteilhaft bei Krups: die Ceranplatte, die die Infrarotstrahlen durchläßt und den dahinterliegenden Reflektor vor Spritzern schützt).
Es ist nicht erforderlich, die Brotscheiben vorzutoasten, da sie durch die untere Platte gebräunt werden.*

Kombiniertes Grillen

*Die kombinierte Verwendung als Kontaktgrill und als Toastgrill erlaubt ganz besondere Verfeinerungen von gegrilltem Fleisch.
So werden z.B. Steaks zunächst im Kontaktgrill halb gegart.
Anschließend wird das Oberteil in Überbackstellung gebracht. Die Steaks können Sie dann z.B. mit Ananas oder Ragout fin belegen und nochmals überbacken.*

Partygrillen

Hier bieten sich entweder Einzweck-Partygrills an oder auch Grillgeräte, bei denen sich das Oberteil aufklappen läßt. Dann steht Ihnen die doppelte Grillfläche zur Verfügung.
So können Sie den verschiedenen Wünschen Ihrer Partygäste nachkommen und Würstchen, Fleischstücke, Hackfleischbällchen, Ćevapčići und auch Beilagen gleichzeitig grillen.
Dickeres Grillgut hat – besonders beim Braten ohne Fett – längere Garzeiten. Deshalb bevorzugt man beim Partygrillen ähnlich wie beim Fondue kleinere Fleischstücke oder kleine Grillwürstchen.
Sie haben auch die Möglichkeit zu kombinieren: Auf der einen Seite kann die Grillplatte für Würstchen und dergleichen, auf der anderen Seite die Casserole eingesetzt werden, in der Beigaben (Obststücke, Gemüse oder Soßen) zubereitet werden können.

Rotationsgrillen

Hierüber braucht eigentlich nicht allzuviel gesagt zu werden. Denn wer kennt nicht den Grillspieß im Gartengrill oder im traditionellen Kastengrill in der Küche. Doch es gibt heute schon diesen Rotationsgrill als integrierten Bestandteil von Grillsystemen (KRUPS).

Pfannenschmaus aus der Casserole

Die Casserole eignet sich für alles, was Soße benötigt. In ihr gelingen Speisen, wie Schaschlik, Rouladen, Gulasch und Aufläufe, besonders gut. Sie kann außerdem bei allen Bratvorgängen eingesetzt werden.
Aber auch die Soße oder das Gemüse zu Ihren Grillspeisen oder die Kartoffelbeilagen lassen sich pikant und schnell darin bereiten.
Und dabei sparen Sie Zeit: Denn während die Hauptwärme von unten die Speise in der Casserole schmort, wird vom Oberteil zusätzlich Infrarotstrahlung auf die Speisen abgegeben.

Warmhaltung / Kochen-Braten

Bei Geräten, die sich völlig aufklappen lassen, stehen wie bei der Verwendung als Partygrill zwei große Heizflächen zur Verfügung. Ebenso können, falls vorhanden, Casserole und die Ceranplatte eingesetzt werden. So ist Kochen und Braten möglich. Durch den stufenlosen Thermostaten kann die Temperatur beliebig eingestellt werden.
Auch Tiefkühlgut kann auf diese Weise bequem aufgetaut werden.

Waffeln backen

Diese Beschreibung gehört eigentlich nicht zu einem Grillbuch. Doch mit einigen Geräten kann man auch Waffeln backen durch auswechselbare oder umdrehbare Platten. Und ganz so fernliegend ist es auch nicht, bei der Party oder als Nachtisch diese alte Spezialität zu servieren. Deshalb sei diese Möglichkeit ebenfalls erwähnt.

Gegrilltes vom Kalb

Das Kalbfleisch enthält von allen Fleischsorten den höchsten Wassergehalt. Dementsprechend geringer ist auch sein Nährwert. Trotz dieser beiden Faktoren ist es von allen Sorten die teuerste.
Nach Möglichkeit sollte Kalbfleisch vor seiner Verarbeitung 4 bis 5 Tage abhängen. Junge Tiere, die in der Regel zwischen 5 und 12 Wochen alt sind, besitzen kerniges, hellrotes, fettarmes und feinfaserig aussehendes Fleisch. Die gute Verdaulichkeit resultiert aus dem zarten Bindegewebe.
Kalbfleisch sollte wie Schweinefleisch durchgegrillt werden. Es ist anzuraten, die Fleischstücke mit Schinkenspeck zu umwickeln oder vor dem Grillen gut einzuölen und bei längeren Garzeiten (Rollbraten) öfter mit Öl zu bestreichen.

Kalbfleisch weist weniger Joule (Kalorien) auf als die anderen Fleischsorten:

150 g Kalbsfilet	− 670 kJ	*(160 kcal)*
150 g Rindsfilet	− 790 kJ	*(190 kcal)*
150 g Schweinefilet	− 1110 kJ	*(265 kcal)*
150 g Kalbskotelett	− 770 kJ	*(180 kcal)*
150 g Schweinekotelett	− 2250 kJ	*(540 kcal)*
150 g Kalbfleisch (mittelfett)	− 890 kJ	*(210 kcal)*
150 g Rindfleisch (mittelfett)	− 1495 kJ	*(360 kcal)*
150 g Schweinefleisch (mittelfett) −	1690 kJ	*(400 kcal)*

Die einzelnen Teile des Kalbes

1 Hals *(Nacken): Gulasch, Frikassee, Ragout und für Fleischbrühe.*

2 Kotelett *(Rücken, Rippenstück): zum Grillen und Braten von Koteletts.*

3 Brust: *zum Grillen von Rollbraten, gefüllter Kalbsbrust, Grillscheiben; zum Braten und für Ragouts.*

4 Schulter *(Blatt, Bug): Frikassee, Ragout fin; zum Grillen von Fleischspießchen, für Geschnetzeltes und Schmorfleisch.*

5 Rücken: *zum Grillen und Braten von Steaks und Schnitzeln; Rost- u. Nierenbraten.*

6 Vorderhaxe: *zum Grillen und Braten; zum Schmoren von Ragout, Osso buco; für Fleischbrühe.*

7 Filet *(Lende): zum Grillen und Braten von Medaillons, Fleischspießen und für Fondue.*

8 Kugel *(Nuß, Rose): zum Grillen; für Gulasch, Geschnetzeltes und Kurzgebratenes.*

9 Hüfte *(Frikandeau): zum Grillen von Steaks, Schnitzeln, für Geschnetzeltes und zum Braten.*

10 Unterschale: *zum Grillen von Steaks, Schnitzeln, Fleischspießen; für Geschnetzeltes und zum Braten.*

11 Oberschale: *zum Grillen von Steaks, Schnitzeln; für Rouladen und zum Braten.*

12 Hinterhaxe *(Stelzen): zum Grillen; zum Schmoren von Ragout und Osso buco; für Fleischbrühe und auch zum Braten.*

Kalbshaxe am Spieß

Die Haxe mit der Fleischbrühe einpinseln, mit Kräutern und frisch gemahlenem Pfeffer einreiben und auf den Spieß stecken.
Während des Grillens mit dunklem Bier bestreichen. Kurz vor dem völligen Garen das Fleischstück mit Salzwasser einpinseln.

Grillzeit: 60–80 Minuten.

Beilagen:
Chilibohnen oder Baked Beans, gegrillte Maiskölbchen mit Butter.

1 große Kalbshaxe, 1 Tasse Fleischbrühe, provenzalische Kräutermischung, 1/8 l dunkles Bier, Pfeffer, Salzwasser.

Gefülltes Kalbssteak (Cordon rouge)

Beim Kauf sollte man sich vom Metzger in die Steaks eine Tasche schneiden lassen. Am besten eignen sich hierzu Kalbsrückensteaks.
Vor dem Grillen wird diese Tasche dünn mit Senf eingestrichen und mit den zwischen das Rauchfleisch gelegten Chesterscheiben gefüllt. Anschließend verschließt man die Fleischtasche mit einer Dressiernadel oder einem Zahnstocher und gart die Steaks auf dem leicht geölten Kontaktgrill.

Reglerstellung: 6, dann 5
Grillzeit: 10 Minuten

Beilagen:
feine Erbsen, Spargelsalat, Röstkartoffeln.

2 Kalbssteaks (je 180 g), 4 Scheiben Rauchfleisch, 2 Scheiben Chesterkäse, Pfeffer, Salz, Öl.

Chicoréeschnitzel gratiniert

Die Kalbsschnitzel etwas andrücken und mit Öl einreiben, dann kurz grillen. Den Chicorée waschen, halbieren und den bitteren Kern herausschneiden. In feine Streifen schneiden und mit Sahne, Parmesankäse und kleingewürfeltem Schinken verrühren. Mit Pfeffer, Salz und Muskat abschmecken und auf die Schnitzel verteilen. Überbacken im Kombigrill.

Reglerstellung: 6, Grillzeit: 2 Minuten, Überbackzeit: 8 Minuten.

Beilagen: Pommes frites, gemischter Salat.

2 Kalbsschnitzel, 1 Chicoréestaude, 1 EL saure Sahne, 2 EL Parmesankäse, 1 Scheibe Schinkenspeck, Pfeffer, Salz, Muskat, Öl.

Kalbssteak „Marrakesch"

Die Kalbssteaks nach dem Einölen im Kontaktgrill zusammen mit den Feigen und den geschälten Kiwis grillen. Die fertig gegrillten Steaks mit Paprika bestäuben, mit Kräuterbutter einreiben und mit Pistazien, Rosinen und Oregano bestreuen. Dann mit Feigen und Kiwis garniert servieren.

*Reglerstellung: 6,
Garzeit: 4 Minuten.*

*Beilagen:
eingelegter Kürbis mit Melonenschnitzeln, Sultansreis.*

2 Kalbssteaks (je 150 g),
4 frische Feigen, 2 Kiwis,
1 EL gehackte Pistazien,
1 EL in Cognac eingeweichte Rosinen, Salz,
Paprika, Oregano,
Kräuterbutter.

Kalbsmedaillons „Marschall Kutusov"

Die Kalbsmedaillons werden mit den dünn geschnittenen Speckscheiben umwickelt und auf dem leicht eingeölten Kontaktgrill fast fertig gegart. Dann salzen, mit Thymian und Majoran bestreuen und hauchdünn mit saurer Sahne bedecken.
Der Stangenspargel wird kreuzweise nach Art der Marschallstäbe auf den Medaillons garniert.
Dann die fertig gegrillten Medaillons mit Sauce hollandaise oder zerlassener Butter überziehen und die Spargelköpfe mit etwas Paprika bestäuben.

Reglerstellung: 6,
Grillzeit: 2 Minuten,
Überbackzeit: 8 Minuten.

Beilagen:
Gurkensalat oder eingemachte Honiggurken, Kartoffelpuffer.

4 Kalbsmedaillons (je 80 g), 2 Scheiben Speck, 1 kleine Dose Spargel, Sauce hollandaise oder Butter, Paprika, saure Sahne, Thymian, Majoran, Salz, Öl.

Gegrilltes vom Rind

Rindfleisch eignet sich zum Grillen sehr gut und bietet zahlreiche Variationen an. Vom zarten Lendensteak über Entrecote oder Roastbeef zum Rumpsteak.
Das Wichtigste sei hier noch einmal erwähnt: Das Fleisch muß unbedingt abgehangen und die Fleischstücke dürfen nicht dünner als 2 cm sein.
In Amerika und England wird das Rind anders zerlegt als bei uns. Es ergeben sich daraus andere Größen und Bezeichnungen für die einzelnen Stücke. Vielfach ist die Lende noch mit dabei. Alle aufgezählten Fleischstücke enthalten Knochen und Fettrand.
Hier werden nur die bei uns bekanntesten und auch größtenteils erhältlichen Stücke erwähnt.
Nach der Größe bezeichnet man sie wie folgt:
Clubsteak – *ohne Filetanteil, das kleinste Stück;*
T-Bone-Steak – *das nächst größere;*
Porterhousesteak – *Roastbeefstück mit großem Filetanteil;*
Sirloinsteak – *das größte Stück, bei dem das Filet fehlt, trotzdem wiegt es nahezu 2 kg.*

Soviel von den Steaks!
Doch das Fleisch des Rindes hat auch sonst hochwertige Stücke aufzuweisen. Denken wir nur an Vorder- oder Hinterkeulen, aus denen Fleischscheiben für Rouladen geschnitten werden. Leider wird dieses Fleisch zum Schmoren meist zu frisch verkauft, da der Metzger durch den Reifeprozeß einen Gewichtsverlust hinnehmen müßte.

Es sollte nach dem Schlachten mindestens 6 Tage, besser aber 8 bis 10 Tage abhängen.
Frischrotes Aussehen und heraustretender Fleischsaft sind auch hier ein verdächtiges Zeichen von allzugroßer Frische.

Die einzelnen Teile des Rindes

1 Hals *(Kamm, Nacken): zum Grillen und Braten von Spick- und Rollbraten.*

2 Brustspitze *(Kern): zum Schmoren von Rinderbrust, für Eintöpfe und Rindfleischsalate.*

3 Mittel- oder Zungengrat *(Fehlrippe): für Sauerbraten und Hackfleisch, auch für Suppenfleisch.*

4 Abgedecktes Leiterstück: *zum Schmoren; für Gulaschsuppe und Fleischbrühe.*

5 Falsches Filet *(Schulterspitze, falsche Lende): Tatar, zum Grillen und Braten, zum Schmoren von Sauerbraten.*

6 Bug *(Ministerstück): für Eintöpfe; Schmor- und Spickbraten.*

7 Beinfleisch *(Beinscheiben): zum Kochen; wenn nicht sehr sehnig, auch zum Schmoren.*

8 Hohe Rippe *(Zwischenrippenstück, Hochrippe): zum Grillen und Braten von Roastbeef, Entrecote; auch Schmorbraten.*

9 Bugstück dick *(dicke Schulter): zum Schmoren (Rouladen), für Rollbraten und zum Braten von Geschnetzeltem.*

10 Brustkern: *zum Braten und für Suppenfleisch.*

11 Mittelbug *(Blatt- oder Schaufeldeckel): Spickbraten und zum Schmoren von Ragout und Sauerbraten.*

12 Roastbeef *(Lendenstück): zum Grillen und Braten; für Fleischfondue.*

13 Hüfte *(Rosenspitz, Blume, Huft): zum Grillen und Braten, für Rouladen.*

14 Blume *(Kugel, Sternrose, auch Rosenspitz und Huft): Rouladen, Sauerbraten, Beefsteaks, Geschnetzeltes und Fondue.*

15 Querrippe *(Federstück, Flach- oder Zwerchrippe, Leiterstück); Suppenfleisch, für Fleischsalate.*

16 Filet *(Lende): zum Grillen und Braten von Filetsteaks, Medaillons, Fleischspießen.*

17 Pastorenstück *(Bürgermeisterstück): Schmor- und Sauerbraten, Gulasch.*

18 Bauchlappen *(Spannrippe): Hackbraten, Deutsches Beefsteak; für Ragout und Fleischbrühe.*

19 Oberschale *(Kluft): Rouladen, zum Grillen von Kluftsteaks; Tatar; Sauer- und Schmorbraten.*

20 Hüftdeckel: *Rost- und Spickbraten.*

21 Unterschale *(Schwanzstück): Gulasch, Rost-, Schmor- und Sauerbraten.*

22 Schwanzrolle: *Gulasch; zum Grillen von Spickbraten, Sauer- und Schmorbraten.*

23 Ochsenschwanz: *für Suppe, Ragout und zum Braten.*

24 Rouladenstück: *zum Grillen von Beefsteaks; zum Braten für Rouladen.*

Rumpsteak „Henrici"

Rumpsteak einölen und etwa 1,5 Minuten lang kontaktgrillen, dann pfeffern, salzen und mit den zwei halbierten Bananen in Form eines Rades garnieren.
Fertig grillen.
Den Freiraum zwischen den Bananenhälften mit Sauce béarnaise oder Sahnemeerrettich füllen und mit Sauerkirschen dekoriert servieren.

Reglerstellung: 6,
Garzeit: 3-4 Minuten.

Beilagen:
Salatherzen „Micado", junge gebackene Kartoffeln.

2 Rumpsteaks (je 200 g),
2 Bananen, 2 EL Schattenmorellen, Salz, Pfeffer, Sauce béarnaise oder Sahnemeerrettich.

Chateaubriand

Das Fleisch mit Öl bestreichen, möglichst 1–2 Stunden einwirken lassen. Dann mit einem scharfen Messer waagrecht eine Tasche einschneiden. Die Öffnung möglichst klein halten. Die Zwiebel schälen, in kleine Stücke schneiden und mit der Knoblauchzehe durchpressen. Mit den anderen Zutaten mischen und in die Fleischtasche füllen. Nach dem Garen im Kontaktgrill salzen.

Reglerstellung: 6 zum Anbraten, dann 5, Grillzeit: etwa 15 Minuten.

Als Beilage Eisbergsalat mit Radieschen und gebackene Kartoffeln (Folie).

1 Filetsteak (350 g), Öl, 1 kleine Zwiebel, 1 Knoblauchzehe, etwas frisch geriebener Meerrettich, 1 TL saure Sahne, etwas Portwein.

Tournedos nach hessischer Art

Die Steaks mit zerlassener Butter einreiben und den Speck mit einem Bindfaden umwickeln. Nach Wunsch grillen. Apfel- und Zwiebelscheiben ebenfalls mit etwas Butter einstreichen und kurz mit in den Kontaktgrill legen. Die Zwiebelscheiben mit etwas Rauchsalz bestreuen. Das Steak pfeffern, salzen und mit den Scheiben belegen.

*Reglerstellung: 6,
Garzeit: 3-4 Minuten.*

Als Beilage Bratkartoffeln und Rosenkohl.

2 Tournedos (je 125 g), etwas Butter, 2 Scheiben durchwachsener Speck, 2 dicke Apfelscheiben, 2 Scheiben spanische Zwiebeln, Rauchsalz, Pfeffer, Salz.

Filetspieße

Fleisch und Tomaten in mundgerechte Stücke schneiden und in frisch gemahlenem Pfeffer wälzen. Den Käse in mittelgroße Würfel zerteilen und abwechselnd mit den Champignonköpfen, den Fleischstücken und Tomatenvierteln auf den Spieß stecken und in heißem Öl in der Casserole von allen Seiten gut anbräunen.
Kurz vor dem völligen Garen die Spießchen aus der Casserole nehmen und den Bratfond mit der Sahne, den geriebenen Apfel, der gepreßten Knoblauchzehe, Tomatenketchup, Senf und fein gewiegtem Basilikum verrühren und mit ein wenig Zitronensaft und Obstler abschmecken.
Spieße in dieser Soße noch kurz ziehen lassen.

Reglerstellung: 6, danach 5,
Garzeit: 10 Minuten.

100 g Rinderfilet, 100 g Lammkeule ohne Knochen, Olivenöl, 100 g Emmentaler, 2 kleine Tomaten, frisch gemahlener Pfeffer, 10 mittelgroße Champignonköpfe, 1/2 Becher saure Sahne, 1 Knoblauchzehe, Salz, 1 Apfel, 1 EL Curry-Ketchup, 1 TL süßer Senf, Basilikum, Zitronensaft, 1 Glas Obstler.

Rumpsteak
mit frischen Kräutern

*Die gut abgehangenen Steaks einölen.
Zwiebel, Knoblauch und die frischen
Kräuter hacken, kurz mit den restlichen
Zutaten erhitzen.
Mit frisch gemahlenem Pfeffer, Zucker
und Salz abschmecken.
Vor dem Grillen die Steaks am Fettrand
alle 1 bis 2 cm einschneiden.
Die gegrillten Rumpsteaks salzen und
die Kräutersoße dazu reichen.*

*Reglerstellung: 6,
Garzeit: 3–4 Minuten.*

Als Beilage Zwiebelbrot (frisch aufgebacken).

2 Rumpsteaks (je etwa 200 g),
etwas Öl, 1 Schalotte,
1 Knoblauchzehe, einige Blätter
des Stangensellerie, frische Minze,
Petersilie, Basilikum, Schnittlauch, Majoran, Thymian,
1/2 TL Worcestersoße,
1 Spritzer Tabasco, etwas
Rotwein, 1 Schuß frische
Sahne, Pfeffer, Zucker,
Salz.

Gegrilltes von Hammel und Lamm

Es gibt in Europa sehr viele leidenschaftliche Anhänger dieser beiden Fleischsorten. In vielen Ländern ernährt man sich sogar hauptsächlich von diesem Fleisch. Doch bei uns ist es so häufig nicht auf dem Speisezettel zu finden.
Es soll hier versucht werden, all denen, in deren Küche Lamm- und Hammelfleisch eine untergeordnete Rolle zukommt, einige Gerichte schmackhaft zu machen.
Lamm ist das noch nicht ein Jahr alte Schaf, es weist kaum Fettanteile auf, ist zart und wohlschmeckend. Hammelfleisch ist in der Farbe hell- bis ziegelrot, bei höherem Alter etwas dunkler. Die Faserung ist fein und dicht, nicht durchwachsen, doch etwas von Fett umgeben. Das Fett muß weiß aussehen, bei kleineren Stücken kann es abgeschnitten werden, bei größeren (Keule) schützt es das Fleisch vor dem Austrocknen. Beim Grillen tritt ohnehin fast alles aus.
Es ist nicht zu empfehlen, dieses Fett noch zu verwenden, da es sehr schwer verdaulich ist.
Bei dem Fleisch handelt es sich um völlig hormonfreies Fleisch. Und was nicht gering geschätzt werden soll: Die Tiere leben fast ausschließlich auf Weiden. Kein anderes Tier wächst auf so natürliche Weise auf.
Am besten ist das Fleisch von Milchlämmern, die nicht älter als 6 Monate werden. Neuseelandfleisch, das bei uns gefroren in den Handel kommt und sehr preisgünstig angeboten wird, bildet eine Ausnahme. Diese Tiere haben schon nach 4 Monaten ihr Schlachtgewicht erreicht.

Hier noch ein Ratschlag, bevor die Rezepte beginnen: Essen Sie Lamm- und Hammelfleisch niemals erkaltet. Servieren Sie es heiß und am besten wärmen Sie auch die Teller vor. Lamm- und Hammelfleisch erstarrt bereits bei 40°C und schmeckt dann talgig.

Die einzelnen Teile des Lamms bzw. Hammels

1 Rippenstück: *zum Grillen und Braten, auch zu Kurzgebratenem.*

2 Sattel *(Nierenstück): zum Grillen und Braten von Filet- und Stielkoteletts.*

2 a Filet *(Lende): zum Grillen und Braten.*

3 Bug *(Schulter, Blatt, Schaufel): zum Braten und Schmoren.*

4 Keule *(Schlegel): zum Grillen und Braten; auch zum Schmoren.*

5 Bauch *(Brust): vorwiegend zum Kochen.*

6 Vorderbrust: *für Ragout und zum Kochen.*

7 Hals: *für Ragout, Eintöpfe verschiedener Art.*

8 Haxe: *zum Grillen, Braten und Schmoren.*

9 Haxe: *zum Grillen, Braten und Schmoren.*

10 Füße: *zum Kochen.*

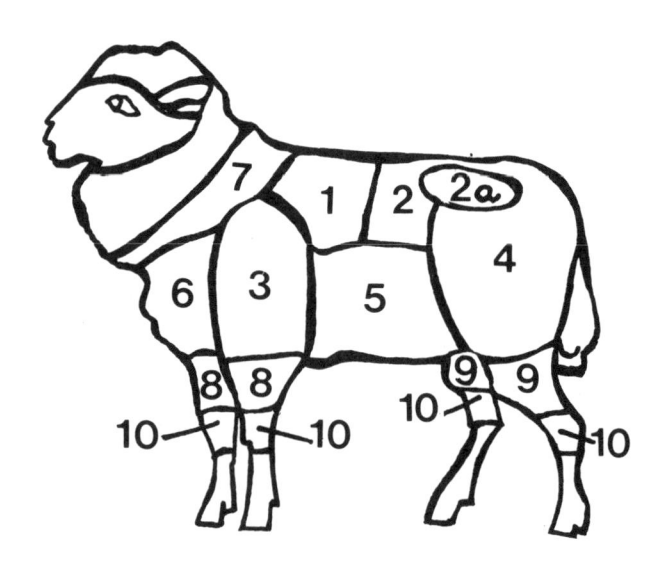

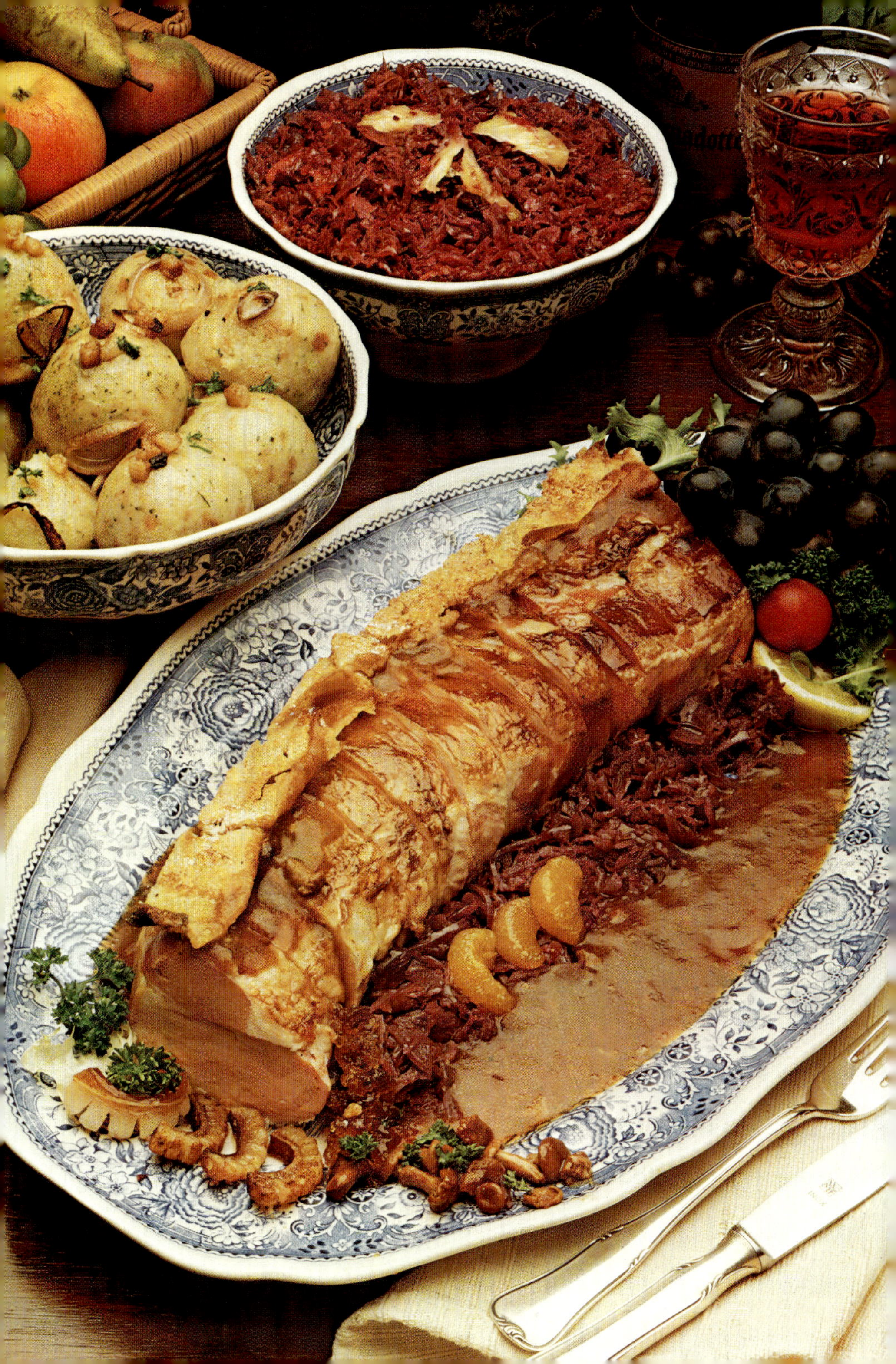

Lamm- oder Hammelkoteletts mariniert

Aus grob zerhackter Zwiebel, zerkleinerten Knoblauchzehen, halbierten Oliven und den Gewürzen, Öl, Essig und Wein eine Marinade bereiten. Die Koteletts einige Stunden darin ziehen lassen. Öfter wenden. Herausnehmen und leicht abtupfen.
Danach Marinade erhitzen, etwas andicken lassen. Mit Salz und Zucker abschmecken. Heiß über den gegrillten Fleischstücken servieren.

Reglerstellung: 6,
Garzeit: 3-5 Minuten.

Als Beilage Ratatouille mit Käsekartoffeln.

4 Koteletts, 2 Anschovis, 1 Zwiebel, 10 schwarze Oliven, 2 Lorbeerblätter, 2 Nelken, 3 Knoblauchzehen, frische Minze, Basilikum, Rosmarin, grob gemahlener Pfeffer, 6 EL Olivenöl, 1/8 l Rotwein, 4 EL Estragonessig, Zucker, Salz.

Hammellende

Die Lende in 2 cm dicke Scheiben schneiden. Mit Olivenöl und Senf bestreichen, die kleingehackten Kräuter zwischen je 2 Scheiben füllen und die mit Salz gepreßten Knoblauchzehen ebenfalls hinzugeben. Die zusammengeklappten Lendensteaks kontaktgrillen.

Reglerstellung: 6, dann 5, Garzeit: 8–10 Minuten.

Als Beilage gegrillte Tomaten und Kartoffelknödel.

1 Lende, Olivenöl, französischer Kräutersenf, frische Kräuter (Schnittlauch, Basilikum, Minze, Thymian, Petersilie), 4 Knoblauchzehen, Salz.

Şiş Kebabi

Nachdem das Fleisch in mittelgroße Stücke von etwa 1 cm Dicke geschnitten worden ist, sollte man es schon einige Stunden vor Beginn des Grillens in einer Marinade aus Öl, einer halben geriebenen Zwiebel, Rosmarin, Thymian, Paprika, Majoran und den gepreßten Knoblauchzehen einlegen.
Die Fleischstücke werden dann leicht mit Küchenkrepp abgetrocknet und abwechselnd mit Speckscheiben, Paprikastücken und dicken Zwiebelschnitten auf den Drehspieß gesteckt. Während des Grillens den Spieß mit der Marinade, der dann noch etwas Salz zugefügt wird, öfter bestreichen.

Garzeit: 40-50 Minuten.

400 g Hammelfleisch,
300 g Schweinefleisch,
100 g Speck, 3 Paprikaschoten, 3 große Zwiebeln,
2 Knoblauchzehen,
Rosmarin, Thymian,
Majoran, Pfeffer, Salz,
Paprika.

Gegrilltes vom Schwein

Auch das Schweinefleisch ist gut zum Grillen geeignet. In der Regel hat man damit keine Schwierigkeiten, denn es muß nicht so lange abgehangen sein wie das Rindfleisch.
Es sollte nicht geklopft werden, allenfalls ist ein leichtes Drücken mit dem Handballen ratsam.
Schweinefleisch sollte wie Kalbfleisch ganz durchgegrillt bzw. -gebraten sein. Also keinen „Rotschimmer" mehr haben.
Gepökeltes Fleisch sollte nicht gegrillt werden, da sich durch die Hitze der Salzgehalt konzentriert.

Die einzelnen Teile des Schweins

1 Kamm *(Hals, Nacken): zum Grillen von Koteletts; zum Braten und Schmoren.*
2 Kotelett *(Carrée, Karbonade): zum Grillen von Rippchen, Kasseler Rippenspeer; zum Braten.*
3 Brustspitze *(dicke Rippe): gefüllte Schweinerippe zum Grillen; für Eintöpfe und zum Schmoren.*
4 Filetkotelett: *ohne Knochen, zum Grillen von Schnitzeln; zum Braten.*
4 a Filet *(Lende): zum Grillen von Filetbraten, Fleischspießen, Medaillons und zum Braten.*
5 Schulter *(Bug, Schaufel, Blatt, Vorderschinken): zum Schmoren von Gulasch und für Rollbraten.*

6 Bauch *(Bauchfleisch, Bündel, Wammerl): zum Schmoren und Grillen von gefülltem Schweinebauch; für Fleischbrühe.*
7 Oberschale *(oberes Frikandeau, Kluft): zum Grillen von Braten und Schnitzeln; zum Schmoren und Braten.*
Unterschale *(unteres Frikandeau): zum Grillen und Braten von Schnitzeln, Steaks, Braten.*
Nuß *(Maus, Kugel): zum Grillen und Braten von Fleischspießen, Schweine- oder Schinkenbraten; auch für Fondue.*
Schinkenspeckstück *(Hüfte, Rose): zum Braten.*
8 Eisbein *(Haxe, Schinkenbein): zum Grillen und Braten als Haxe; zum Schmoren.*

Schweineleber „Berliner Art"

Die vorbereitete Schweineleber zusammen mit dünnen Apfelscheiben und Zwiebelringen auf dem leicht eingeölten Kontaktgrill garen lassen. Nach Ende des Grillens würzen.
Zum Servieren werden die erwärmten Apfelscheiben auf die Stücke der Schweineleber gelegt und das Ganze mit Zwiebelringen verziert.

Reglerstellung: 5,
Garzeit: 2-4 Minuten.

Beilagen:
Sauerkraut, Kartoffelpüree.

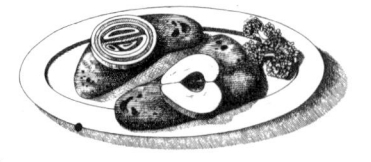

2 Scheiben Schweineleber (je 200 g), 1 Apfel, 2 Zwiebeln, Pfeffer, Salz, Öl.

Schweinesteaks Indien

Die Steaks leicht einölen und ziehen lassen.
Die Äpfel schälen und grob raspeln, die Gürkchen fein schneiden, die Lauchstange in hauchdünne Scheibchen zerkleinern, die Bambussprossen in Streifen schneiden.
Lauch mit Sojasoße, Zitronensaft und etwas Essig in der Casserole aufkochen und das Zerkleinerte hinzufügen. Zum Schluß die zerdrückte Banane unterrühren und mit Südwein abschmecken. Wer es gerne scharf mag, kann mit Chilisoße noch verbessern.

Reglerstellung: 6,
Garzeit: 2 Minuten.

Die gegrillten Steaks werden gesalzen mit dieser Beilage gegessen.
Als weitere Beilage Feldsalat.

2 Steaks, Olivenöl, 2 kleine Äpfel,
2 Cornichons, 1/2 Lauchstange,
1 EL Bambussprossen, 2 EL Sojabohnenkeimlinge, Sojasoße, Saft von
1/2 Zitrone, etwas Essig, 1/2 Banane,
Südwein, Salz.

Szegediner Gulasch

Gewürfeltes Schweinefleisch mit Pfeffer, Salz und Paprika bestreuen und einreiben. Die Knoblauchzehe über dem Fleisch auspressen. Die Zwiebeln fein würfeln.
Schweineschmalz in der Casserole zerlassen und darin das Fleisch und die Zwiebeln mindestens 35 Minuten garen. Zum Schluß das Kraut, mit Kümmel und Sahne vermischt, unterheben und noch weitere 10 Minuten ziehen lassen.

500 g Schweinefleisch, 30 g Schweineschmalz,
500 g Zwiebel, 1 TL Kümmel, 1 EL Tomatenmark,
1 EL Paprikapulver, Pfeffer, Salz, 1 Becher süße Sahne,
500 g Sauerkraut, 1 Knoblauchzehe.

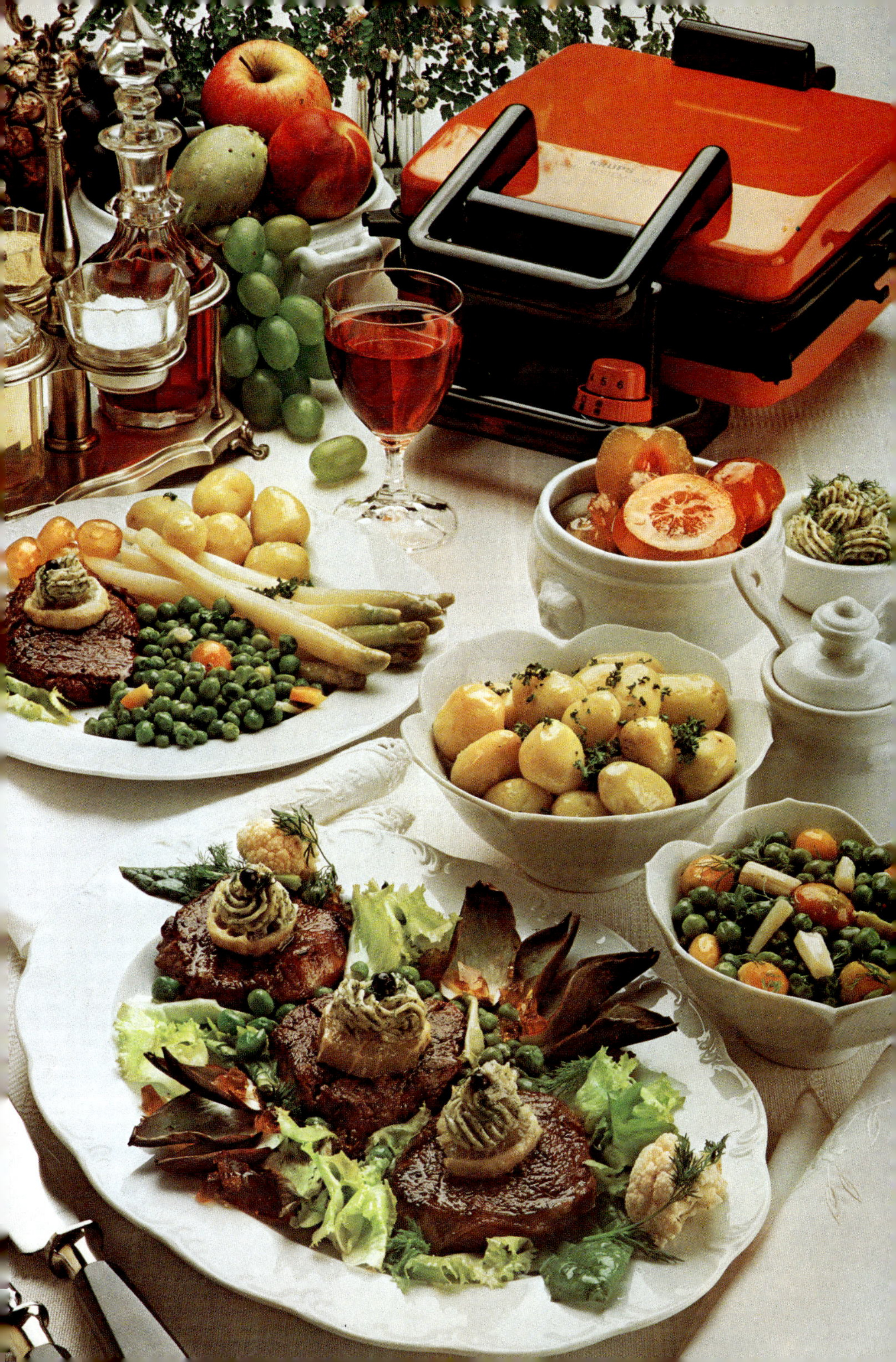

Holsteiner Schweinebauch vom Spieß

Das Fleisch in der Mitte leicht einschneiden, mit Salz und Pfeffer würzen, mit Majoran bestreuen.
Die Äpfel werden geschält und klein gewürfelt und mit den eingeweichten Pflaumen, der klein geschnittenen Zwiebel, Muskat, Salz und Rum vermischt. Diese Mischung wird in die Mitte des Fleischstückes gehäuft, das darüber zugefaltet wird.
Für appetitliches Aussehen und pikanten Geschmack empfiehlt es sich, die Schwarte des Schweinebauches vor dem Grillen mit einem scharfen Messer leicht in Quadrate anzuschneiden, in deren Ecken jeweils eine Nelke gesteckt wird. Nun wird der gefüllte und gerollte Schweinebauch mit Küchengarn fest umwickelt, auf den Drehspieß gesteckt und unter gelegentlichem Bestreichen mit Öl etwa 1 1/4 Stunden lang gegrillt.

1 kg Schweinebauch, 180 g Äpfel, 180 g Back- oder Diätpflaumen, 1 Zwiebel, 1 EL Paniermehl, 1/3 TL Majoran, 10 Nelken, Pfeffer, Salz, Muskat, 2 cl Rum, Öl.

Schweineschnitzel „Walliser Art"

Die eingeölten Schweineschnitzel auf dem Kombigrill gleichzeitig mit der halbierten Birne fast fertig garen. Dann mit Pfeffer, Salz und Rosmarin würzen.
Die Schnitzel mit den Birnenhälften belegen und diese mit Bündner Fleisch und je einer Scheibe Emmentaler abdecken. Zum Schluß einige Tropfen Birnengeist darüberträufeln.
Die Schnitzel nach dem Überbacken mit gehackter Petersilie und Paprika garnieren.

Reglerstellung: 6,
Garzeit: 8 Minuten.
Überbackzeit: 4 Minuten.

Beilagen:
Butternudeln, Krautsalat.

2 Schweineschnitzel (je 180 g), 1 Williamsbirne, 2 Scheiben Bündner Fleisch oder Rauchfleisch, 2 Scheiben Emmentaler, 2 cl. Birnengeist, Rosmarin, Paprika, Petersilie, Pfeffer, Salz, Öl.

Gegrilltes vom Wild

Der Verzehr von Wildfleisch ist nur an die Jagdzeit gebunden, wenn Sie auf frisch geschossene Tiere Wert legen. Dank der Tiefkühltechnik kann man Wild heute jedoch zu jeder Jahreszeit kaufen.
Wildfleisch (frisch) soll gut abgehangen sein, und man kann es – vor allem etwas ältere Tiere – vor der Zubereitung noch einige Tage in Beize legen. Erst dann erhält es seinen feinen Geschmack, den „Hautgout" (Abhängegeschmack). Wer diesen „Hautgout"-Geschmack liebt, sollte eine Buttermilchbeize bevorzugen.
Durch das Beizen werden weniger zarte Fleischstücke mürbe. Je schärfer eine Beize ist (Essig), desto rascher wirkt sie. Dagegen spricht aber auch die Tatsache, daß der Saft aus dem Fleisch gezogen und es dadurch trocken wird. Es kann also nur ein schwacher Trost sein, wenn beim Zubereiten des Fleisches etwas von der Beize mitverwendet wird.
Das feinste Wildfleisch ist das von jungen Tieren.
Zum Grillen eignen sich am besten Keulen und Rücken. Da Wildfleisch, besonders Hirsch- und Rehfleisch, wenig Eigenfett besitzt, muß man beim Braten oder Grillen darauf achten, daß es entweder gespickt ist, von einem schützenden Fettmantel umgeben oder ständig mit Öl eingerieben wird.
Auch Wildfleisch sollte immer nach dem Garen gesalzen werden.

Hirschsteak

Die Hirschsteaks einölen. Wacholderbeeren und Pfefferkörner gut zerdrücken. Mit Rosmarin und Paprikapulver vermischen und auf die Steaks streichen.
Grillen und anschließend salzen.

Reglerstellung: 6, dann 5,
Garzeit: 5 Minuten.

Als Beilage Zwiebelklöße mit eingelegten süßsauren Pflaumen.

2 Steaks, etwas Öl, 2 Wacholderbeeren, 5 Pfefferkörner, frischer Rosmarin, Paprikapulver, Salz.

Rehschnitzel „Esterhazy"

Die Rehschnitzel werden dünn mit Butter bestrichen und mit den Speckstreifen belegt.
Sellerie, Möhre, Zwiebel und Gurke werden in feine Streifchen geschnitten und in Butter angeschwitzt. Pfeffern, salzen, mit Rotwein ablöschen und mit saurer Sahne binden.
Das so vorbereitete Gemüse auf den gegrillten Rehschnitzeln verteilen.

Reglerstellung: 6, dann 5,
Garzeit: 6 Minuten.

Beilagen:
Mandelbällchen, Rotkrautsalat.

4 Rehschnitzel (je 80 g), etwas Butter, 2 Scheiben Räucherspeck, 2 EL saure Sahne, 2 EL Rotwein, 1 Stück Sellerie, 1 Möhre, 1 Zwiebel, 1 saure Gurke, 1 Msp. Wildgewürz, frisch gemahlener Pfeffer, Salz.

Wildschweinkotelett „Schloß Kranichstein"

Die Wildschweinkoteletts pfeffern, mit Öl bestreichen und mit Speckscheiben belegen; dann im Kontaktgrill fast fertig garen.
Danach salzen und mit den Kräutern bestreuen und zu Ende grillen.
Preiselbeeren, Hagebuttenmarmelade, Zitronen- und Orangensaft, zerdrückten Gervais und Calvados glattrühren und die fertig gegrillten Koteletts mit dieser Mischung bestreichen.

Reglerstellung: 6, dann 5,
Garzeit: 7 Minuten.

Beilagen:
Speckkartoffeln mit Majoran, Endivien- oder Feldsalat.

4 Wildschweinkoteletts, 4 Scheiben Speck, 2 EL Preiselbeeren, 1 EL Hagebuttenmarmelade oder Quittenmarmelade, 1 Spritzer Zitronensaft, 1 Spritzer Orangensaft, 2 cl Calvados, 1 Würfel Gervais, Thymian, Majoran, Pfeffer, Salz, Öl.

Rehnüßchen „Solling"

Die Rehnüßchen vor dem Grillen etwa 1 Stunde auf einem Teller im sauren Rahm marinieren. Dann mit Küchenkrepp trocknen.
Nüßchen und den in Scheiben geschnittenen Apfel im Kontaktgrill garen. Dann würzen.
In der Zwischenzeit die Sauerkirschen mit Zucker, einem Schuß Rotwein und der Zimtstange aufkochen. Stärkemehl in einer halben Tasse Wasser anrühren und damit den Sud der Sauerkirschen abbinden. Zum Schluß einen Tropfen Rum hineingeben.
Auf einer vorgewärmten Platte werden die Rehnüßchen appetitlich arrangiert und mit den Apfelscheiben bedeckt. In die Mitte der Scheiben kommt jeweils ein Löffel der Kirschsoße.

Reglerstellung: 6, dann 5,
Garzeit: 6 Minuten.

6 Rehnüßchen (je 80 g), 1 Tasse Sauerkirschen, 1 Apfel, 1 EL Stärkemehl, 1 EL Zucker, 2 EL Rotwein, 1 Stange Zimt, 2 cl Rum, sauren Rahm, Pfeffer, Salz.

Geflügel und Wildgeflügel

Zum Hausgeflügel rechnet man neben den Hühnern, Enten, Gänsen, Truthähnen auch die Haustauben. Zum Wildgeflügel gehören Wildtauben, Rebhühner, Fasane, Wildgänse und -enten, Schnepfen, Auer- und Birkhähne und Wachteln.
Das Fleisch junger Tiere ist bei allen Geflügelarten zarter und wohlschmeckender.
Hähnchen, Hühnchen und Poularden spielen in unserer Küche eine große Rolle. Ihr steigender Verbrauch ist nicht zuletzt auf preiswerte Angebote zurückzuführen.
Beim Einkauf sollte darauf geachtet werden, daß gefrorene Ware keine Schneebildung innerhalb der Packung oder sogar Gefrierbrandflecke aufweist. Diese Erscheinungen sind Anzeichen für Qualitätsminderungen. Nur wirklich hart gefrorene Ware ist einwandfrei und klingt beim Aneinanderschlagen hölzern.
Genießbare Innereien, wie Herz, Leber, Hals und Muskelmagen, sind in einem Beutel dem Tierkörper beigelegt. Nach dem Auftauen kann dieser leicht entfernt und sein Inhalt bei der Weiterverarbeitung mitberücksichtigt werden.
Frisches Geflügel wird in geschlossenem und offenem Zustand angeboten. Geschlossen heißt, daß es zwar schon gerupft und manchmal auch schon entdärmt ist, doch noch nicht ausgenommen.
Beim Ausnehmen ist ein wenig Vorsicht angebracht. Nach einigen Vorbereitungen, wie Aufschneiden, Flügel mit der Schere kürzen usw., trennt man Leber, Herz und

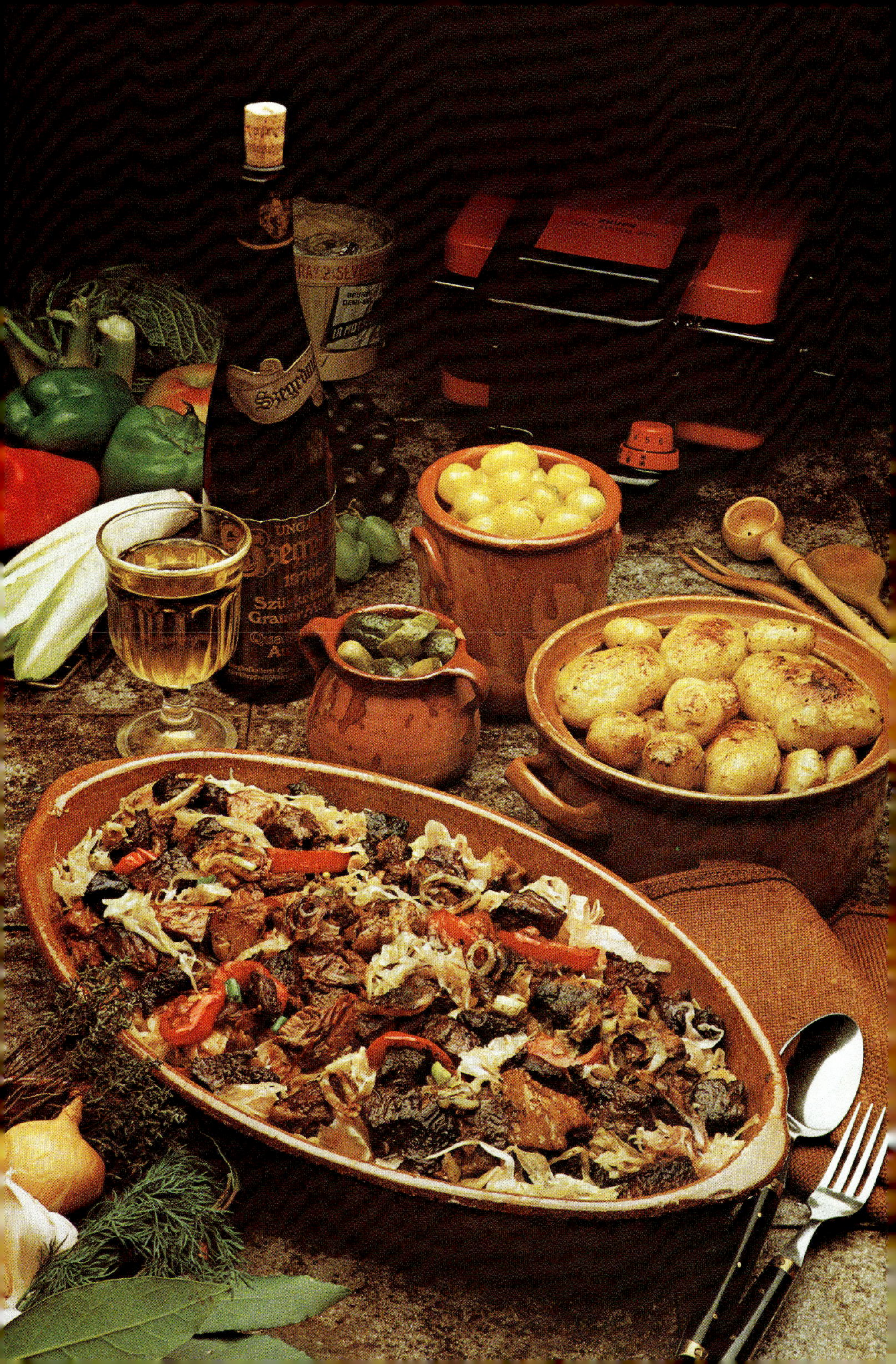

Magen von den Eingeweiden ab. Zuerst werden die Blutgefäße vom Herzen abgelöst, der Magen an der weißen Haut aufgeschnitten und der Inhalt samt der inneren harten Haut entfernt, ebenso auch die Lunge. Sehr vorsichtig wird dann von der Leber die Galle abgeschnitten, die wegen des bitteren Gallensaftes nicht verletzt werden darf.
Aufgetautes Geflügel wird genau wie frisches weiterverarbeitet. Es sollte gründlich von innen und außen gewaschen werden. Abgetropft und abgetrocknet, wird es dann innen gewürzt oder gefüllt. Von außen sollte es erst später gesalzen werden.
Geflügelfleisch ist eine gute Eiweißquelle. Für den menschlichen Körper ist tierisches Eiweiß besonders wertvoll, da es vor allem essentielle Aminosäuren enthält, die unser Organismus nicht selbst aufbauen kann. Es ist leicht verdaulich und joulearm (kalorienarm).

Hähnchen vom Spieß

Nach dem Ausnehmen und Vorbereiten die Hähnchen innen würzen, dressieren und auf den Grillspieß stecken. Während des Grillens öfter mit Öl bestreichen und kurz vor Ende der Grillzeit mit Salzwasser einpinseln, damit die Haut schön knusprig wird.

Grillzeit: 60–80 Minuten.

*Beilagen:
Strohkartoffeln, Gurkengemüse.*

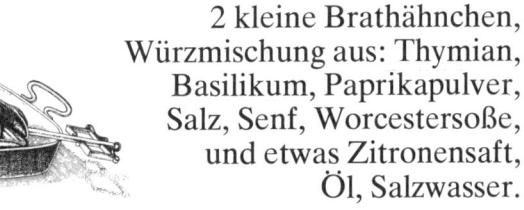

2 kleine Brathähnchen,
Würzmischung aus: Thymian,
Basilikum, Paprikapulver,
Salz, Senf, Worcestersoße,
und etwas Zitronensaft,
Öl, Salzwasser.

Gefülltes Paprikahähnchen

Das ausgenommene Hähnchen mit Pfeffer, Salz, kleingehackten Knoblauchzehen und Paprikapulver von innen würzen.
Paprikaschoten von den Kernen befreien, klein würfeln und mit dem Paprikamus vermischt in die Bauchhöhle des Hähnchens füllen.
Nach Dressieren und Verschließen der Bauchöffnung Hähnchen auf den Grillspieß stecken und grillen.
In der letzten Viertelstunde des Grillens wird das Hähnchen mit einer Mischung aus Salz und Bier bestrichen.

Grillzeit 60-80 Minuten.

1 großes junges Hähnchen,
2 Knoblauchzehen,
2 Paprikaschoten, 2 EL Paprikamus, 2 EL Bier, Pfeffer, Salz, Paprikapulver.

Hähnchenbrustfilets

Hähnchenbrustfilets mit etwas Butter in der Casserole anbraten und die Gewürze hinzufügen. Wein, Sherry, saure Sahne, Mayonnaise und helle Instantsoße gut verquirlen und zu den Filets geben. Zum Schluß Sojabohnenkeimlinge und Krabben untermischen. Aufkochen und dann bei schwacher Hitze ziehen lassen. Mit frischer Gartenkresse garniert servieren.

Reglerstellung: beim Anbraten 6, dann 3,
Garzeit: 15 Minuten.

Beilagen:
Reis, gemischter Salat.

2 Hähnchenbrustfilets, Butter, Curry, Sojasoße, Zitronensaft, Pfeffer, Salz, 50 g Krabben, 2 EL Sojabohnenkeimlinge, 1 EL saure Sahne, 1 EL Mayonnaise, 2 EL Weißwein, 1 EL Sherry, 1 EL helle Instantsoße.

Gefüllter Fasan

Den küchenfertigen Fasan innen mit Gewürzen und Kräutern einreiben.
Die geschälte Apfelsine würfeln, mit gehackten Nüssen und den Rosinen vermengen, mit Madeira übergießen und diese Mischung in den Fasan füllen.
Auf den Grillspieß stecken.
Vor und während des Grillens den Fasan mit zerlassener Butter bestreichen.

Grillzeit: 60 Minuten.

1 Fasan, Pfeffer, Salz, Majoran, Basilikum, etwas zerlassene Butter, 1 Apfelsine, 20 Walnußkerne, 1 Tasse Rosinen, 1 Glas Madeira.

Schnepfen in Rotweinzwiebeln

*Die Schnepfen vorbereiten, mit Speckscheiben umwickeln und dressieren.
In heißer Butter anbraten, tranchieren, salzen und warm stellen.
Zwiebelscheiben glasig schmoren.
Die eßbaren Innereien der Schnepfe – oder eine Hähnchenleber – feinhacken, durch ein Sieb passieren, Preiselbeeren und Zitronensaft hinzugeben. Die Zwiebeln mit Rotwein ablöschen.
Noch eine Weile schmoren lassen, mit den Innereien vermischen und mit Pfeffer und Salz abschmecken. In dieser Farce die tranchierten Schnepfenteile nochmals kurz schmoren. Vor dem Anrichten einige Tropfen Zuckercouleur hinzufügen.
Rotweinzwiebeln auf getoasteten Frenchbrotscheiben verteilen und darauf die Schnepfentranchen arrangieren.*

*Reglerstellung: 6, danach 4,
Garzeit: 20 Minuten.*

2 Schnepfen, 2 große Scheiben durchwachsener Speck, 40 g Butter, Salz, 4 Gemüsezwiebeln, 1/8 l Rotwein, 1 Scheibe Zitrone, 1 EL Preiselbeeren, Zuckercouleur, eßbare Innereien der Schnepfe oder Hähnchenleber.

Gegrillter Fisch und Schalentiere

Fische bieten gesunde und sehr bekömmliche Mahlzeiten. Küchenfertiger Fisch soll nach dem 3-S-System vorbehandelt werden. Die 3 S stehen für:
Säubern
(unter kaltem, fließendem Wasser kurz waschen),
Säuern
(nach dem Trockentupfen mit Zitronensaft oder einem guten Weinessig beträufeln),
Salzen
(leicht salzen).
Zum Grillen eignen sich am besten fettreiche Fischsorten, z. B. Stein- und Heilbutt, Lachs, Makrele oder Thunfisch, auch Sprotten und Sardinen. Aber auch andere Sorten wie Forellen, Felchen, Seezunge und Hecht lassen sich ebenfalls im Grill gut zubereiten.
Nur sollte man Fische vorsichtiger behandeln als Fleisch. Ein ganzer Fisch und auch Filets müssen immer gut gefettet werden, damit sie nicht festkleben.
Tiefgefrorener Fisch sollte vor der Weiterverarbeitung aufgetaut sein.

Makrelen

Die Fische auswaschen, mit Zitronensaft beträufeln, innen und außen salzen.
Suppengrün (Lauch, Karotte, Sellerie) fein zerkleinern, die frischen Kräuter hacken, mit Sahne, Senfsoße und Alkohol vermischen und mit Pfeffer abschmecken. Die Makrelen mit dieser Mischung füllen und eingeölt grillen.

Reglerstellung: 6,
Garzeit: 12 Minuten.

2 frische Makrelen (ausgenommen), Zitronensaft, Salz, 1 Bund Suppengrün, Petersilie, Dill, Schnittlauch, 1 EL saure Sahne, 1 EL Tequila, 1 EL Senfsoße, Pfeffer.

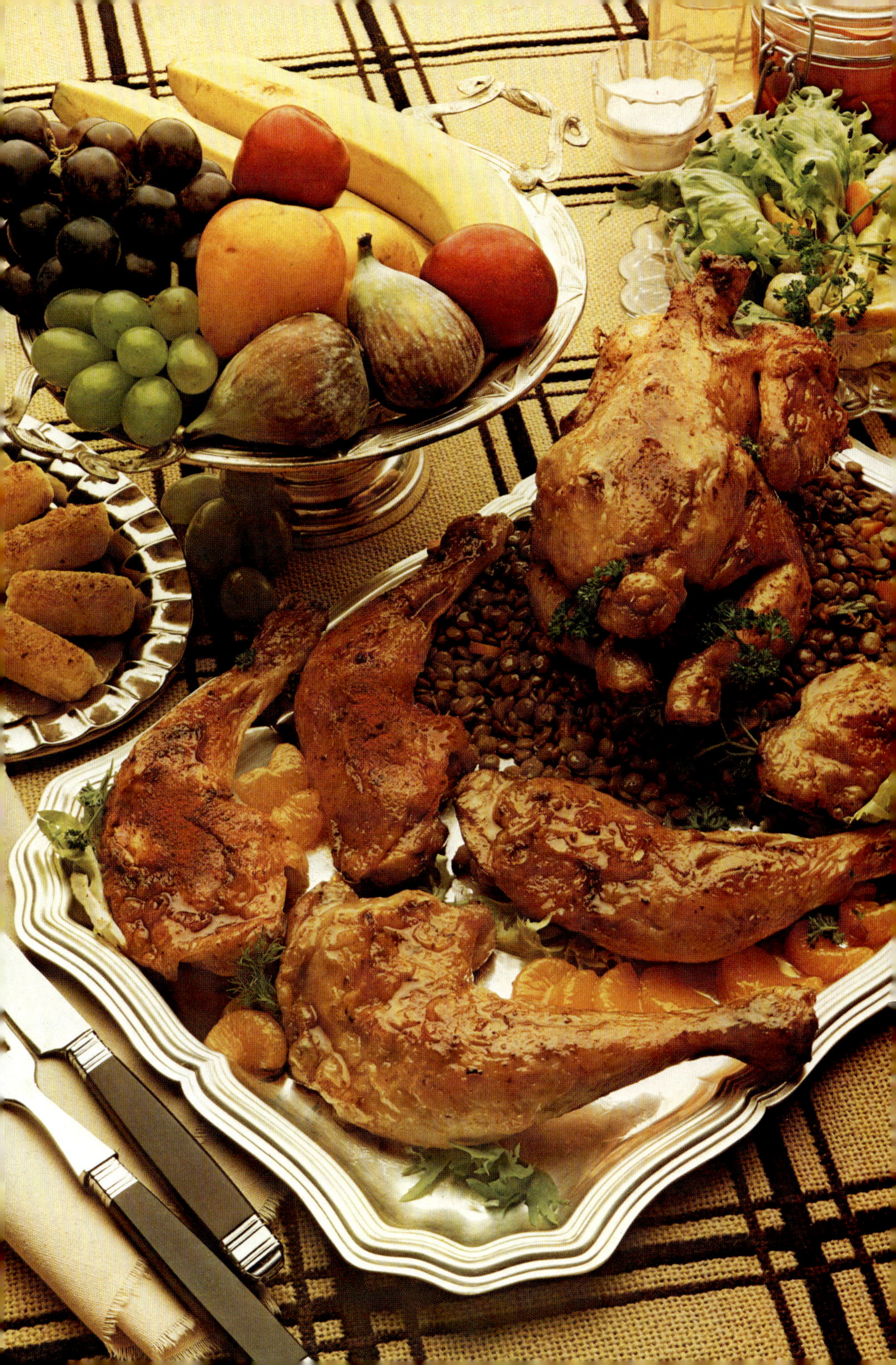

Fischfilet

*Die Filets säubern, säuern und salzen.
Paprikamus mit Tomatenmark, den
Soßen und dem Basilikum mischen.
Zwiebeln und Knoblauchzehen durchpressen und mit Salz bestreuen.
Knoblauchzehen und Zwiebeln zu der
Soße geben und diese mit dem Alkohol
abschmecken.
Die Filets leicht abtupfen und mit etwas
Öl in der Casserole garen.
Zusammen mit der Soße anrichten.*

*Reglerstellung: 6,
nach 6 Minuten Soße hinzugeben und
weitere 6 Minuten garen.*

*Als Beilage Erbsen und Karotten in
Rahm, dazu Petersilienkartoffeln.*

2 Fischfilets (Kabeljau, Rotbarsch oder Seelachs),
3 EL Paprikamus, 1 EL Tomatenmark, 2 Knoblauchzehen, Salz, 2 Zwiebeln, frisches Basilikum, 1 EL Cumberlandsoße, 1 EL Mangosoße, 1 Schuß Cointreau,
etwas Öl.

Seezungenfilets

Die Seezungenfilets säuern und salzen. Abtupfen, mit etwas zerlassener Butter bestreichen und in der Casserole halb garen.
Aus der Sahne und dem Eigelb eine Soße bereiten, mit einem Spritzer Zitronensaft, Pfeffer, Salz und etwas Weißwein abschmecken und darin die Krabben und Krebsschwänze unterziehen.
Diese Soße auf die Seezungenfilets geben und überbacken. Vor dem Servieren mit feingehackter Petersilie bestreuen.

Reglerstellung: 6,
Garzeit: 6 Minuten,
Überbackzeit: 8 Minuten.

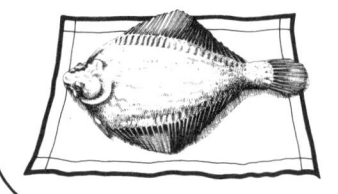

4 Seezungenfilets, Zitronensaft, Salz, Butter, 3 EL saure Sahne, 1 EL süße Sahne, 1 Eigelb, Zitronensaft, Pfeffer, Salz, 1 kleine Dose Krebsschwänze, 1 kleine Dose Krabben, Weißwein, 1 Bund Petersilie.

Pikantes für Parties

Seit der Mensch das Feuer erfand, scharte er sich bei geselligen Gelegenheiten um die Feuerstelle. Essen und Trinken waren ein Zeichen der Gastlichkeit, des Dankes der Gastgeber für das Kommen der Gäste. Die Bedeutung dieses Tuns für die zwischenmenschlichen Beziehungen kann daran ermessen werden, daß sich dieser Brauch selbst in einer Zeit ständig wandelnder Werte erhalten hat.
Natürlich werden Sie heute in einer Neubauwohnung trotz aller Romantik kaum ein Feuer auf dem Teppichboden entzünden, aber bestimmt wollen Sie Ihren Gästen zeigen, wie sehr Sie sich über ihr Kommen gefreut haben.
Eine nette Art, dieses Gefühl auszudrücken, ist das Partygrillen. Die Gastgeber brauchen sich nicht mit der Zubereitung komplizierter Gerichte zu belasten, sondern die Partygäste grillen ganz individuell für sich eine pikante Kleinigkeit. Einfallsreichtum ist Trumpf.

Mixed Grill

Verwenden Sie für die Grillparty kleine mundgerechte Fleischstückchen – wie Sie es vom Fondue her kennen: kleine Steaks, Medaillons, Leber- und Nierenstückchen, Speckscheiben, dünne Grillwürstchen. Jeder kann selbst grillen und nach eigenem Geschmack würzen.
Stellen Sie alles in ausreichender Menge bereit. Den Appetit Ihrer Gäste werden Sie selbst am besten einschätzen können. Erfahrungsgemäß ist bei einer Grillparty der Hunger groß; gehen Sie deshalb davon aus, pro Person etwa 250 g Fleisch vorzusehen.
Zur gelungenen Grillparty gehören natürlich auch die richtigen Grillbeilagen:
pikante Soßen, eine Auswahl von Gewürzen, selbstbereitete frische Salate. Auch würzige Kräuterbutter und frisches, knuspriges Weißbrot sollten nicht fehlen.
Vergessen Sie nicht, in ausreichendem Maß für Getränke zu sorgen, z.B. für Bier und Weißwein oder nur Weine und auch einige alkoholfreie Getränke für die Autofahrer. Beschränken Sie sich in allem auf einige Sorten und geben Sie Ihrer Grillparty damit eine prägnante Richtung.

Hackfleischbällchen gefüllt

Zwiebeln und Knoblauchzehen fein hacken und mit den anderen Zutaten zu einem Fleischteig verkneten.
Käse klein würfeln. Aus jeweils 1 EL Fleischmasse kleine Bällchen formen, in deren Mitte ein Stück Käse gedrückt wird.
Statt des Gouda können Sie auch Schafskäse verwenden.
Auf dem Partygrill legen und öfter wenden.

Reglerstellung: 6.

500 g gemischtes Hackfleisch, 2 Eier, 2 Zwiebeln, 2 Knoblauchzehen, 1 TL Senf, 3 EL Semmelmehl, 2 EL Chilisoße, 1 Stück Gouda.

Wurstkörbchen

Nicht zu dünne Wurstscheiben (mit Haut) auf den geölten Partygrill legen. Die Scheiben formen sich zu Körbchen, die mit Salaten gefüllt werden. Die Körbchen können kalt und warm gegessen werden.

Reglerstellung: 6.

Etwa 1,5 cm dicke Wurstscheiben z.B. Bierwurst, Mortadella, Schinkenwurst oder auch Fleischwurst im größeren Darm, einige Salate zum Füllen der Körbchen (selbstgemachte oder fertig gekaufte).

Kebatscheta

Die Knoblauchzehe schälen, fein hacken und zerdrücken. Das Hackfleisch mit dem Knoblauch, dem Salz, Pfeffer, Thymian und Piment gründlich durchkneten. Dann die heiße Fleischbrühe darübergießen und einmischen.
Aus dem Fleischteig daumenlange Würstchen formen und auf dem Partygrill von allen Seiten garen.

Reglerstellung: 6.

4 Knoblauchzehen, 700 g Rinderhackfleisch (oder halb Rind- und halb Hammelfleisch), 1 gestrichener TL Salz, 1/2 TL schwarzer Pfeffer, 1 TL feingehackter, frischer oder 1/4 TL getrockneter Thymian, 1/4 TL Piment, 1 Tasse Fleischbrühe.

Tolle Toasts

Ein herzhafter Toast schmeckt zu jeder Tageszeit: als kleiner Imbiß, als improvisiertes Mittagessen, als kalorienfreundliches Abendbrot und als pikanter Snack bei überraschendem Besuch. Und trotz aller kulinarischen Unkenrufen brauchen Toasts nicht muffelig zu sein: Sie bieten weit mehr Spielraum für die Phantasie und einen ganz individualistischen Geschmack als so manches „klassische" Gericht.

Krabbentoast

Die Brotscheiben buttern und mit Schinken belegen. Die Krabben unter die Meerrettichsahne ziehen, mit Pfeffer und Salz würzen und auf den Schinkenscheiben verteilen und grilltoasten.

*Reglerstellung: 6,
Garzeit: 10 Minuten.*

4 Scheiben Toastbrot, 4 Scheiben roher Schinken, 200 g Krabben, 4 EL Meerrettichsahne, Butter, Pfeffer, Salz.

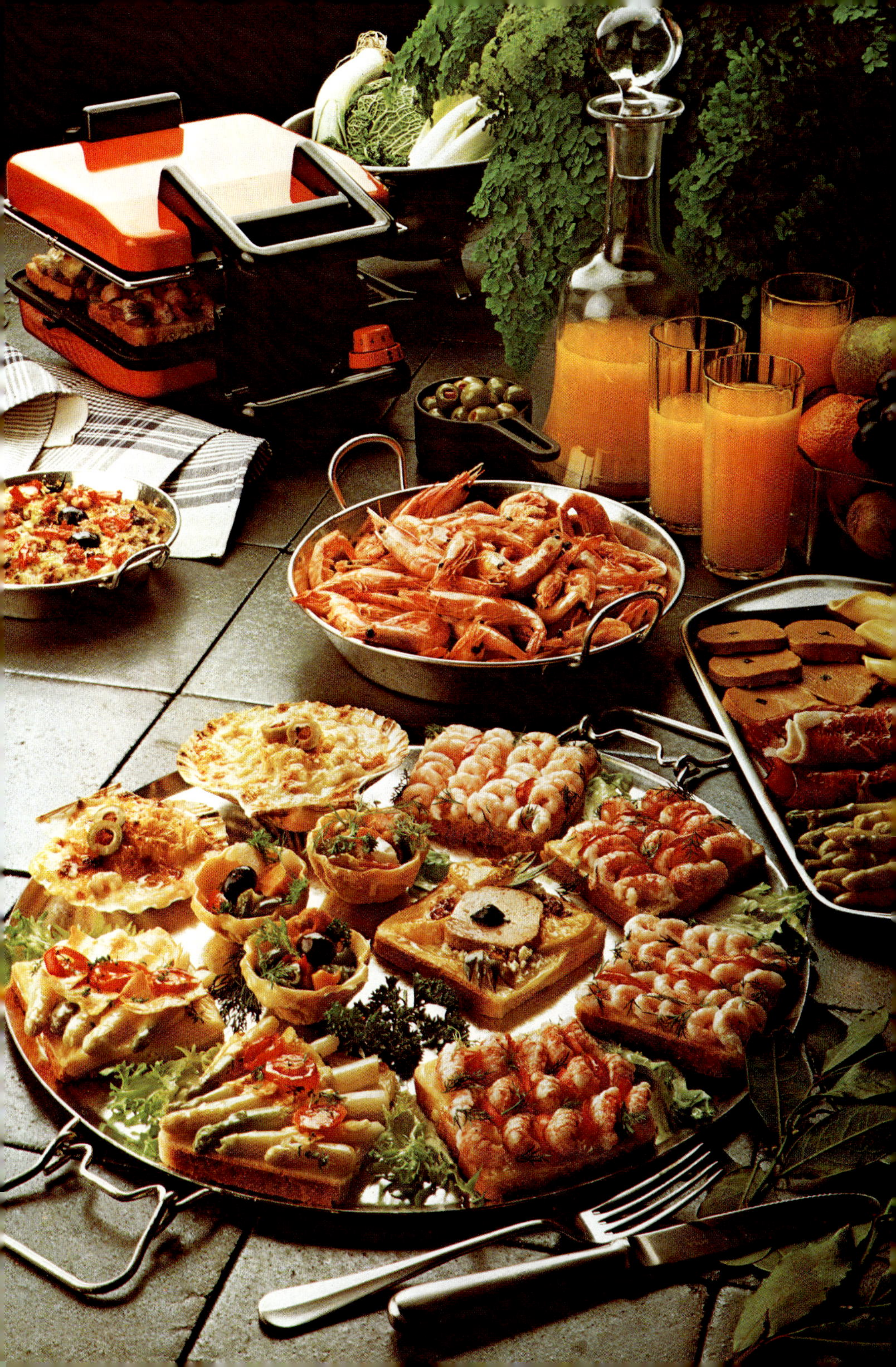

Schlachtfesttoast

Die Brotscheiben mit Butter und Senf bestreichen und mit der Wurst belegen. Darauf eine Lage hauchdünn geschnittener Zwiebelringe. Nach dem Überbacken mit den Kräutern und frisch gemahlenem Pfeffer überstäuben.

*Reglerstellung: 6,
Garzeit: 10 Minuten.*

*Beilagen:
herzhafter Krautsalat, Radieschen oder Rettich.*

2 Scheiben Toastbrot, Butter, 80 g grobe Leberwurst, 80 g Blutwurst, 2 TL Senf, 2 Zwiebeln, Thymian, Majoran, frisch gemahlener Pfeffer.

Birnentoast „Pfälzer Art"

Das Brot mit Butter bestreichen, mit Rauchfleisch oder ausgebratenem Frühstücksspeck belegen und mit einer Scheibe Emmentaler abdecken. Darauf kommt jeweils eine Birnenhälfte, deren Höhlung mit gewürfeltem Roquefort und einem Teelöffel Preiselbeeren gefüllt wird. Mit Kirschwasser beträufeln und dann jeweils wieder mit Rauchfleisch und Käse abdecken. Überbacken.

*Reglerstellung: 6,
Garzeit: 10 Minuten.*

2 Scheiben Toastbrot, 80 g Rauchfleisch oder Frühstücksspeck, 20 g Butter, 4 Scheiben Emmentaler, 2 Birnenhälften, 50 g Roquefort, 2 cl Kirschwasser, 1 EL Preiselbeeren, Paprika.

Pizza della Italia

Längst ist die Pizza kein Geheimtip von Italienurlaubern mehr, die den Daheimgebliebenen von den kulinarischen Genüssen des sonnigen Südens vorschwärmen. Das einfache und doch so phantastisch verwandelbare Rezept vom Stiefel Europas gewann in kürzester Zeit so viele Freunde, daß man heute Pizzas fast überall frisch oder tiefgekühlt kaufen kann.

Menschen, die kochen, kann das natürlich kaum beeindrucken. Denn sie suchen ja gerade die Möglichkeit, ihrer schöpferischen Phantasie freien Lauf zu lassen und Gerichte zu kreieren, von denen manche Profiköche kaum zu träumen wagen.

Hefeteig-Grundrezept

(für 4 Portionen)

Mehl, Zucker, Butter, Zitronenschale, Salz, Eigelb und aufgelöste Hefe in eine Schüssel geben. Mit dem Rührgerät alle Zutaten leicht vermischen, etwas angewärmte Milch hinzugeben. Den Milchrest nach und nach hinzugeben. Den Teig so lange bearbeiten, bis er sich von der Schüssel löst. Teig in Portionen teilen, in die gefettete Casserole geben und gehen lassen.

500 g Mehl, 30 g Hefe, gut 1/4 l Milch, 1 Prise Zucker, 125 g Butter oder Margarine, Zitronenschale, 1 Prise Salz, 2 Eigelb.

Pizza mit Salami und Sardellen
(Pizza napoletana)

Den Teig wie beschrieben vorbereiten und in die geölte Casserole geben.
Mit etwas Öl bestreichen und Tomaten und Salamischeiben, Sardellen- und Zwiebelringe darauf verteilen. Oregano mit frischem Pfeffer und Salz mischen und darüber streuen.
Vor dem Backen 1–2 EL Öl übertröufeln und den in kleine Stückchen geschnittenen Käse (Mozzarella) auflegen sowie 2 EL Parmesankäse überstreuen.

Reglerstellung: 6,
Garzeit: 30 Minuten.

Hefeteig nach Grundrezept, 2 EL Öl, Schnittkäse, Tomatenscheiben, Salamischeiben, Sardellenringe, Zwiebelringe, Oregano, Pfeffer, Salz, Parmesankäse.

Pizza mit Eiern
(Pizza all'uova)

Den in der Casserole ausgebreiteten Teig mit etwas Öl bestreichen und aus frischem Knoblauch, etwas saurer Sahne, grünem Pfeffer, kleingehackten Oliven und Leberpastete eine streichfähige Masse bereiten, die auf der Pizza verteilt wird.
Tomaten und Gurke in grobe Stücke zerschneiden. Damit und mit hartgekochten Eischeiben den Teig belegen. Eine Gewürzmischung aus französischen Kräutern und Basilikum darauf streuen und zum Schluß den Käse (Mozzarella und Parmesan) darüber verteilen.

Reglerstellung: 6,
Garzeit: 30 Minuten.

Hefeteig nach Grundrezept, Knoblauch, saure Sahne, grüner Pfeffer, schwarze Oliven, Leberpastete, Tomaten, Schlangengurke, Eier (pro Person 1 1/2 Ei), französische Kräutermischung, Basilikum, Mozzarella, Parmesankäse.

Pizza mit Artischocken
(Pizza con carciofi)

Auf den in der Casserole ausgelegten Teig etwas Öl streichen und mit Tomatenscheiben belegen. Champignons halbieren und zusammen mit den Artischockenböden aus der Dose auf die Pizza legen.
Den Belag mit italienischer Gewürzmischung, etwas Salz und Pfeffer überstreuen und zum Schluß Mozzarella und geriebenen Parmesan darüber verteilen. Mit 2 Eßlöffeln Olivenöl wird der Teig kurz vor dem Backen überträufelt.

Hefeteig nach Grundrezept, Öl, Tomaten, Champignons, Artischockenböden aus der Dose, italienische Gewürzmischung, Pfeffer, Salz, Mozzarella, Parmesankäse.

Vorspeisen und Desserts

Es wäre wirklich schade, wenn der einzige Sinn des Essens darin bestände, sich innerhalb möglichst kurzer Zeit alle zum Weiterleben nötigen Joule in mehr oder minder verdaulicher Form einzuverleiben. Glücklicherweise kann Essen aber viel mehr sein: Ausdruck der Gastlichkeit, Gaumenkitzel und sogar ästhetischer Genuß.
Zeitmangel und oft falsch verstandenes Gesundheitsbewußtsein lassen heute oft Menschen auf Vorspeisen und Desserts verzichten. Trotzdem aber haben sich diese Speisen nicht nur ihre alten Freunde erhalten, sondern neue dazugewonnen.
Denn weder brauchen Vorspeisen Kalorienbomben zu sein, die dem Genießer allen Appetit auf den Hauptgang nehmen, noch sollen Desserts dazu dienen, daß sich der Esser nur noch dem Mittagsschlaf hingeben kann.
Neue Zutaten, neue Rezepte und neue Zubereitungsarten garantieren uns unbeschwerten Genuß.

Camembert überbacken

Das runde Stück Camembert horizontal aufschneiden und in zwei gleich große Teile halbieren. In die Mitte der so entstandenen vier Stücke eine kleine Vertiefung drücken und hierein je eine Zwetschge legen. Chutney mit der Schlagsahne, Pfeffer und Zwetschgenwasser glattrühren und über die Käsestücke laufen lassen.
Kurz im Grilltoaster überbacken.

Reglerstellung: 5,
Garzeit: 3–5 Minuten.

1 großer runder Camembert, 4 süßsauer eingelegte Zwetschgen, 1 EL Apfelsinenchutney, 1 EL süße Sahne, 2 EL Zwetschgenwasser, Pfeffer.

Gratinierte Zwiebelsuppe

Geschälte Zwiebeln in dünne Scheibchen schneiden und in Butter und Schmalz goldbraun rösten.
Nachdem die Zwiebeln diese Farbe erreicht haben, mit Weißwein ablöschen und mit der Fleischbrühe auffüllen.
Etwa 15 Minuten bei kleiner Hitze kochen lassen und mit reichlich frisch gemahlenem Pfeffer und ein wenig Salz abschmecken.
Die Brotscheiben vortoasten, ihre Krusten abschneiden und ganz leicht mit einer Knoblauchzehe abreiben.
Die fertige Zwiebelsuppe wird nun in feuerfeste Suppentassen umgefüllt, mit den in kleine Dreiecke zerteilten Toastscheiben bedeckt und mit einer Mischung der beiden geriebenen Käsearten überstreut im Grilltoaster überbacken.

Reglerstellung: 6,
Garzeit: 5 Minuten.

500 g Zwiebeln, 25 g Butter, 25 g Schweineschmalz, 1 1/4 l Fleischbrühe, 1 Glas Weißwein, Pfeffer, Salz, Toastbrotscheiben, 1 Knoblauchzehe, 60 g Emmentaler, 50 g Parmesankäse.

Paprikaschoten als Vorspeise

Paprikaschoten der Länge nach aufschneiden, Kerne entfernen und Schoten von außen mit Olivenöl bestreichen. Den Schafskäse vierteln und in die Paprikaschoten verteilen. Knoblauchzehen mit Salz bestreuen, zerdrücken und ziehen lassen. Schlangengurke klein würfeln und zusammen mit dem Knoblauch, grünem Pfeffer und gehacktem Schnittlauch in die Mitte des Käses legen. Ein kleines Butterflöckchen darauflegen und im Grilltoaster überbacken.

*Reglerstellung: 6,
Garzeit: 8 Minuten.*

2 grüne Paprikaschoten, 250 g Schafskäse, Olivenöl, grüner Pfeffer, 2 Knoblauchzehen, 1 Stück Schlangengurke, Schnittlauch, 30 g Butter.

Gegrillte Bananen

Ungeschälte Bananen mehrmals tief einschneiden und auf die untere Grillplatte setzen. Sobald die Schale schwarz wird, diese vorsichtig entfernen, das Innere unverletzt herausnehmen und die Einschnitte mit der Mischung aus Honig, Rum und Mandelsplittern füllen.

*Reglerstellung: 5,
Garzeit: 8–10 Minuten.*

4 Bananen, 2 EL Honig,
2 EL Mandelsplitter,
etwas Rum.

Früchtedessert mit Baiser

Grapefruits halbieren und das Fruchtfleisch vorsichtig herauslösen. Fruchtfleisch klein würfeln und den Grapefruitsaft auffangen. Litschis, Sauerkirschen, Erdbeeren und Saft und Fruchtfleisch der Grapefruits mit dem Alkohol ziehen lassen.
In der Zwischenzeit Eiweiß steif schlagen, Puderzucker sieben, unter das Eiweiß ziehen und nochmals durchschlagen.
Den Fruchtsalat in die Grapefruithälften füllen und diese mit einer Eiweißhaube dekorieren. Mit Mandelsplitter verzieren und kurz im Grilltoaster überbacken.

Reglerstellung: 6,
Überbackzeit: 5 Minuten.

2 Grapefruits, 1 kleine Dose Litschis, 2 EL Sauerkirschen, 5 EL Erdbeeren, 2 EL Maraschino, 2 EL Mandelsplitter, 2 Eiweiß, 1 EL Puderzucker.

Gefüllte Waffelstücke

Butter und Zucker mit dem Handrührgerät schaumig schlagen. Die Eigelb nacheinander hinzugeben. Mehl, Sahne und Zimt mit der Masse zu einem Teig verrühren.
Zum Schluß die geschlagenen Eiweiß unterheben. Im Waffeleisen goldgelbe Waffeln backen und sofort in vier Rechtecke aufteilen.
Je zwei Rechtecke mit Schlagsahne bestreichen, frische Früchte oder Kompott darauf legen und mit der anderen Hälfte bedecken. Mit Puderzucker bestäuben.

150 g Butter oder Margarine, 50 g Zucker, 1 P. Vanillezucker, 4 Eigelb, 4 EL süße Sahne, 250 g Mehl, 1 Prise Zimt, 4 Eiweiß, Sahne und Früchte zum Füllen.

Feine Waffeln

Mit Handrührgerät etwa 8 Minuten Butter, Zucker und Eigelb schaumig rühren. Mehl und Stärkemehl zusammen mit der Prise Backpulver mischen, zu der Schaummasse sieben, Salz hinzugeben und die mit dem Handrührgerät geschlagenen Eiweiß unterziehen.
Den Rum langsam zu dem Teig rühren und durchschlagen. Nach dem Backen die Waffeln mit etwas Puderzucker bestäuben.

250 g Butter oder Margarine, 200 g Zucker, 4 Eigelb, 150 g Mehl, 150 g Stärkemehl, 1 Prise Salz, 1 Prise Backpulver, 4 Eiweiß, 1/8 l Rum, etwas Puderzucker.

Rezeptverzeichnis

B
Bananen, gegrillte 75
Birnentoast „Pfälzer Art" 66

C
Camembert überbacken 72
Chateaubriand 26
Chicoréeschnitzel gratiniert 18
Cordon rouge 17

F
Fasan, gefüllter 53
Feine Waffeln 78
Filetspieße 28
Fischfilet 57
Früchtedessert mit Baiser 76

G
Gegrillte Bananen 75
Gefüllte Waffelstücke 77
Gefüllter Fasan 53
Gefülltes Kalbssteak 17
Gefülltes Paprikahähnchen 51
Gratinierte Zwiebelsuppe 73
Gulasch, Szegediner 40

H
Hackfleischbällchen gefüllt 61
Hähnchenbrustfilets 52
Hähnchen vom Spieß 50
*Hammelkoteletts mariniert,
    Lamm- oder* 33
Hammellende 34
Hefeteig-Grundrezept 67

Hirschsteaks 44
*Holsteiner Schweinebauch
    vom Spieß* 41

K
Kalbshaxe am Spieß 16
*Kalbsmedaillons
    „Marschall Kutusov"* 20
Kalbssteak, gefülltes 17
Kalbssteak „Marrakesch" 19
Kebatscheta 63
Krabbentoast 64

L
*Lamm- oder Hammelkoteletts
    mariniert* 33

M
Makrelen 56

P
Paprikahähnchen, gefülltes 51
Paprikaschoten als Vorpeise 74
Pizza della Italia 67
Pizza mit Artischocken 70
Pizza mit Eiern 69
Pizza mit Salami und Sardellen 68

R
Rehnüßchen „Solling" 47
Rehschnitzel „Esterhazy" 45
Rumpsteak „Henrici" 25
*Rumpsteak mit frischen
    Kräutern* 29

S
Schlachtfesttoast 65
Schnepfen in Rotweinzwiebeln 54
Schweinebauch vom Spieß,
   Holsteiner 41
Schweineleber „Berliner Art" 38
Schweineschnitzel
   „Walliser Art" 42
Schweinesteaks Indien 39
Seezungenfilets 58
Şiş Kebabi 35
Szegediner Gulasch 40

T
Tournedos nach hessischer Art 27

W
Waffeln, feine 78
Waffelstücke, gefüllte 77
Wildschweinkotelett
   „Schloß Kranichstein" 46
Wurstkörbchen 62

Z
Zwiebelsuppe, gratinierte 73

VERLAGS-VERZEICHNIS IN KURZFASSUNG

DAS PRAXISNAHE BUCHPROGRAMM

FALKEN VERLAG

MIT 1000 TIPS FÜR JEDERMANN

HOBBY

Hobby-Basteln Freizeit-Werken
(4050) Herausgegeben von Diethelm Reichart, 320 Seiten mit ca. 400 Abbildungen, größtenteils vierfarbig, gebunden, mit Schutzumschlag. **DM 29,80**

Hobby-Bauernmalerei
(0436) Von Senta Ramos und Jo Roszak, 80 Seiten mit 116 Farbabbildungen und 28 Motivvorlagen, kartoniert, **DM 13,80**

Moderne Schmalfilmpraxis
Ausrüstungen · Drehbuch · Aufnahme · Schnitt · Vertonung
(4043) Von Uwe Ney, 328 Seiten mit über 200 Abbildungen, teils vierfarbig, Balacron mit vierfarbigem Schutzumschlag, **DM 29,80**

Schmalfilmen. Ausrüstung – Aufnahmepraxis – Schnitt und Ton. (0342) Von Uwe Ney, 100 Seiten, 4 Farbtafeln und 25 Abbildungen, kartoniert, **DM 6,80**
Münzen. Ein Brevier für Sammler. (0353) Von Erhard Dehnke, 128 Seiten, 30 Abbildungen – teils farbig. kartoniert, **DM 6,80**
Ikebana Band 1: Moribana-Schalenarrangements. (0300) Von Gabriele Vocke, 164 Seiten, 40 großformatige Vierfarbtafeln, 66 Schwarzweißfotos und Graphiken, gebunden, **DM 19,80**
Ikebana Band 2: Nageire-Vasenarrangements. (0348) Von Gabriele Vocke, 160 Seiten, 32 Farbtafeln, 73 Abbildungen, gebunden, **DM 19,80**
Arbeitsheft zum Lehrbuch Ikebana. (0319) Von Gabriele Vocke, 79 Seiten, 16 Graphiken, kartoniert, **DM 6,80**
Blumengestecke im Ikebanastil. (5041) Von Gabriele Vocke, 64 Seiten mit 37 vierfarbigen Abbildungen und vielen Zeichnungen, kartoniert, **DM 14,80**
CB-Code. Wörterbuch und Technik. (0435) Von Richard Kerler, 120 Seiten mit technischen Abbildungen, kartoniert, **DM 7,80**
Bauernmalerei – leicht gemacht. (5039) Von Senta Ramos, 64 Seiten, 78 vierfarbige Abbildungen, Pappband, **DM 9,80**
Arbeiten mit Ton. (5048) Von Johann Fricke, Fernsehbegleitbuch, 128 Seiten mit 166 Schwarzweißfotos und 15 Farbtafeln, kartoniert, **DM 14,80**

Hinterglasmalerei – leicht gemacht. (5062) Von Horst Hennicke, 64 Seiten, 63 Abbildungen, 2 Zeichnungen, durchgehend vierfarbig, Pappband, **DM 9,80**
Transparente Glasmalerei – leicht gemacht. (5064) Von Felizitas Krettek, 64 Seiten mit 62 vierfarbigen Abbildungen, Pappband, **DM 9,80**
Zugeschaut und mitgebaut Band 1. Helmut Scheuer im Hobby-Keller – ein ZDF-Fernsehbegleitbuch. (5031) Von Helmut Scheuer, 96 Seiten, 218 Farbabbildungen und Schwarzweißfotos, kartoniert, **DM 14,80**
Zugeschaut und mitgebaut Band 2. Helmut Scheuer im Hobby-Keller. (5061) Von und mit Helmut Scheuer, 120 Seiten mit 277 farbigen und schwarzweißen Abbildungen, kartoniert, **DM 14,80**
Moderne Fotopraxis. Bildgestaltung – Aufnahmepraxis – Kameratechnik – Fotolexikon. (4030) Von Wolfgang Freihen, 304 Seiten, davon 50 vierfarbig, Balacron mit vierfarbigem Schutzumschlag, abwaschbare Polyleinprägung, **DM 29,80**
Ikebana modern. (4031) Von Gabriele Vocke, 168 Seiten, davon 40 ganzseitige Vierfarbtafeln und mit vielen Zeichnungen, Ganzleinen mit vierfarbigem cellophaniertem Schutzumschlag, **DM 36,–**
Blumen arrangieren. Zauberhafte Gestecke im Ikebana-Stil. (4049) Von Gabriele Vocke, 160 Seiten mit 31 Farbtafeln und über 70 Zeichnungen, gebunden mit Schutzumschlag, **DM 36,–**
Das bunte Bastelbuch. (0269) Von Ruth Scholz-Peters, 160 Seiten, 172 Abbildungen, davon 46 farbig, kartoniert, **DM 9,80**
Origami – die Kunst des Papierfaltens. (0280) Von Robert Harbin, 160 Seiten, über 600 Zeichnungen, kartoniert, **DM 8,80**
Moderne Basteleien für groß und klein. Raumschmuck, Spielzeug, Geschenke. (0183) Von I. Goldbeck, 84 Seiten, 80 Abbildungen, kartoniert, **DM 6,80**
Ferngelenkte Motorflugmodelle – bauen und fliegen. (0400) Von Werner Thies, 184 Seiten mit Zeichnungen und Detailplänen, kartoniert, **DM 12,80**
Findet den ersten Stein! Mineralien, Steine und Fossilien. Grundkenntnisse für Hobby-Sammler. (0437) Von Dieter Stobbe, 96 Seiten, 16 Farbtafeln, 14 Fotos und 10 Zeichnungen, kartoniert, **DM 9,80**
Mineralien und Steine. Farben – Formen – Fundorte. (0409) Von Rudolf Graubner, 144 Seiten mit 90 Farbabbildungen, flexibel kartoniert, **DM 9,80**
Häkeln und Makramee. Techniken – Geräte – Arbeitsmuster. (0320) Von Dr. Marianne Stradal, 104 Seiten mit 191 Abbildungen und Schemata, kartoniert, **DM 6,80**
Stricken, häkeln, loopen. (0205) Von Dr. Marianne Stradal, 96 Seiten, 100 Abbildungen, kartoniert, **DM 5,80**
Selbstschneidern – mein Hobby. (0185) Von H. Wohlert, 128 Seiten, 233 Abbildungen, kartoniert, **DM 6,80**
Die Selbermachers renovieren ihre Wohnung. (5013) Von Wilfried Köhnemann, 148 Seiten, 374 Farbabbildungen, Zeichnungen und Fotos, kartoniert, **DM 14,80**
Selbst tapezieren und streichen. (0289) Von Dieter Heitmann und Jürgen Geithmann, 96 Seiten, 49 Fotos, kartoniert, **DM 5,80**
Möbel aufarbeiten, reparieren und pflegen. (0386) Von E. Schnaus-Lorey, 96 Seiten, 104 Fotos und Zeichnungen, kartoniert, **DM 6,80**
Heimwerker-Handbuch. (0243) Von Bernd Käsch, 204 Seiten, 229 Fotos und Zeichnungen, kartoniert, **DM 9,80**

Papier-Basteleien
(0406) Von Lena Nessle, aus dem Schwedischen übertragen von Angelika Lampe-Gegenheimer, 96 Seiten mit 84 Fotos und 70 Zeichnungen, teils zweifarbig, kartoniert, **DM 6,80**

Die Erben Lilienthals
Sportfliegen heute
(4054) Von Günter Brinkmann, 240 Seiten, 32 Farbtafeln, 176 Schwarzweißfotos, 33 Zeichnungen, mit vierfarbigem Schutzumschlag, gbd., **DM 29,80**

Flugmodelle
bauen und einfliegen
(0361) Von Werner Thies und Willi Rolf, 160 Seiten, 63 Abbildungen und 7 Faltpläne, kartoniert, **DM 9,80**

SPORT

Squash. Ausrüstung – Technik – Regeln. (0389) Von Knut Fricke, 84 Seiten, 90 Abbildungen und Zeichnungen, kartoniert, **DM 9,80**
Tischtennis – modern gespielt, mit TT-Quiz 17:21. (0363) Von Ossi Brucker und Tibor Harangozo, 120 Seiten, 65 Abbildungen, kartoniert, **DM 9,80**
Basketball. Übungen und Technik für Schule und Verein. (0279) Von Chris Kyriasoglou, 116 Seiten mit 252 Übungen zur Basketballtechnik, 186 Fotos und 164 Zeichnungen, kartoniert, **DM 12,80**
Volleyball. Technik – Taktik – Regeln. (0351) Von Henner Huhle, 102 Seiten, 330 Abbildungen, kartoniert, **DM 9,80**
Eishockey. Technik – Taktik – Regeln. (0414) Von Roman Neumayer, ca. 144 Seiten mit ca. 90 Fotos und Abbildungen, kartoniert, ca. **DM 9,80**
Hockey. Grundschule – Training – Taktik. (0398) Von Horst Wein, 152 Seiten mit vielen Zeichnungen und Fotos, kartoniert, **DM 12,80**
Golf. Ausrüstung – Technik – Regeln. (0343) Von J. Jessop, übersetzt von Heinz Biemer, mit einem Vorwort von H. Krings, Präsident des Deutschen Golf-Verbandes, 160 Seiten, 65 Abbildungen, Anhang der Golfregeln des DGV, kartoniert, **DM 14,80**

Bowling – in Perfektion – Sportbowling. (0350) Von Lou Belissimo, deutsch von Britta Zorn, 144 Seiten, mit 194 Abbildungen, kartoniert, **DM 9,80**
Fibel für Kegelfreunde. (0191) Von G. Bocsai, 80 Seiten, mit über 60 Abbildungen, kartoniert, **DM 4,80**
Segeln. Ein Anfängerkurs mit vielen Bildern. (0316) Von H. und L. Blasy, 112 Seiten, 92 Fotos und Abbildungen, kartoniert, **DM 6,80**
Segelsurfen. Handbuch für Grundschein und Praxis. (5028) Von Calle Schmidt, 64 Seiten, über 50 Abbildungen, durchgehend vierfarbig, Pappband, **DM 9,80**
Segeln. Boote, Manöver, Windsurfen. (5009) Von Horst Müller, 64 Seiten, 42 Farbabbildungen, Pappband, **DM 9,80**
Angeln. Kleine Fibel für den Sportfischer. (0198) Von E. Bondick, 96 Seiten, mit über 116 Abbildungen, kartoniert, **DM 5,80**
Sportfischen. Fische – Geräte – Technik. (0324) Von Helmut Oppel, 144 Seiten, mit 49 Fotos, Abbildungen und 8 Farbtafeln, kartoniert, **DM 8,80**
Reiten. Vom ersten Schritt zum Reiterglück. (5033) Von Herta F. Kraupa-Tuskany, 64 Seiten mit vielen Farbabbildungen und Zeichnungen, Pappband, **DM 9,80**
Skischule. Ausrüstung – Technik – Gymnastik. (0369) Von Christine und Richard Kerler, 128 Seiten mit 100 Fotos, kartoniert, **DM 7,80**
Skilanglauf für jedermann. Lernen – Üben – Anwenden. Ein Fernsehbegleitbuch. (5036) Von Prof. Heiner Brinkmann, Sporthochschule Köln, 116 Seiten mit 133 Fotos, kartoniert, **DM 12,80**
Schwimm mit! Anfängerkurs für Kinder und Eltern. Ein ZDF-Fernsehbegleitbuch. (5040) Von W. Günter Lingenau und Bärbel Vitt, 64 Seiten, 120 Abbildungen, kartoniert, mit Ringheftung, **DM 9,80**
Tauchen. Grundlagen – Training – Praxis. (0267) Von W. Freihen, 144 Seiten, 71 Fotos und Farbtafeln, kartoniert, **DM 9,80**
Handball. Technik – Taktik – Regeln. (0426) Von Fritz und Peter Hattig, 144 Seiten, 91 Fotos und Zeichnungen, kartoniert, **DM 9,80**

Tennis
Technik · Taktik · Regeln
(0375) Von Harald Elschenbroich, 112 Seiten, 81 Abbildungen, **DM 6,80**

Beliebte und neue Kegelspiele
(0271) Von Georg Bocsai, 92 Seiten, 62 Abbildungen, kartoniert, **DM 4,80**

Reiten im Bild
Dressur · Springen · Gelände
(0415) Von Ute Richter, 168 Seiten, 235 Abbildungen, 2 Zeichnungen, kartoniert, **DM 9,80**

BUDO

Illustriertes Handbuch des Taekwondo
Koreanische Kampfkunst und Selbstverteidigung
(4053) Von Konstantin Gil. 240 Seiten, 1.026 Abbildungen, gbd., **DM 28,–**

Kung Fu – Grundlagen, Technik mit 370 Fotos
(0367) Von Bruce Tegner, übersetzt von Albrecht Pflüger, 5. DAN Karate, 182 Seiten, kartoniert, **DM 14,80**

Judo – Grundlagen des Stand- und Bodenkampfes
(4013) Von W. Hofmann, 228 Seiten, 568 Fotos, 2-farbiger Einband, Großformat, gbd., **DM 28,–**

Budo-Lexikon
1500 Fachausdrücke fernöstlicher Kampfsportarten

Neue Lehrmethoden der Judo-Praxis

Kontakt-Karate
Ausrüstung · Technik · Training

Hap Ki Do
Grundlagen und Techniken koreanischer Selbstverteidigung

Herbert Velte — F Falken Bücherei
Pierre Herrmann — F Falken Bücherei
Albrecht Pflüger — F Falken Bücherei
Kim Sou Bong — F Falken Bücherei

Jiu-Jitsu. (0065) Von B. Kressel, 84 Seiten, 85 Abbildungen, kartoniert, **DM 5,80**
Neue Kniffe und Griffe im Jiu-Jitsu/Judo. (0111) Von E. Rahn, 84 Seiten, 149 Fotos, kartoniert, **DM 5,80**
Ju-Jutsu – waffenlose Selbstverteidigung. Das Beste aus Judo, Karate, Aikido. (0276) Von W. Heim und F. J. Gresch, 156 Seiten, 460 Fotos, kartoniert, **DM 9,80**
Ju-Jutsu II. Für Fortgeschrittene und Meister. (0378) Von Werner Heim und Franz J. Gresch, 164 Seiten, 708 Abbildungen, kartoniert, **DM 16,80**
Judo. Grundlagen – Methodik. (0305) Von Mahito Ohgo, 204 Seiten, 1025 Fotos, kartoniert, **DM 14,80**
Judo. Go Kyo-Kampftechniken. (0352) Von Mahito Ohgo, 152 Seiten, 231 Abbildungen, kartoniert, **DM 16,80**
Karate I. Ein fernöstlicher Kampfsport. (0227) Von Albrecht Pflüger, 136 Seiten, 195 Fotos und Zeichnungen, kartoniert, **DM 9,80**
Karate II. (0239) Von Albrecht Pflüger, 160 Seiten, 452 Abbildungen, kartoniert, **DM 9,80**
Karate für alle. Karate-Selbstverteidigung in Bildern. (0314) Von Albrecht Pflüger, 112 Seiten, 356 Fotos, kartoniert, **DM 8,80**
Kontakt-Karate. Ausrüstung – Technik – Training. (0396) Von Albrecht Pflüger, 5. DAN Karate, 128 Seiten, 238 Fotos, kartoniert, **DM 12,80**
Karate für Frauen und Mädchen. Sport und Selbstverteidigung. (0425) Von Albrecht Pflüger, 168 Seiten, 259 Fotos, kartoniert, **DM 12,80**
Kung-Fu II. Theorie und Praxis klassischer und moderner Stile. (0376) Von Manfred Pabst, 160 Seiten, 330 Abbildungen, kartoniert, **DM 12,80**
Shaolin-Kempo – Kung-Fu. Chinesisches Karate im Drachenstil. (0395) Von Ronald Czerni und Klaus Konrad, 236 Seiten, 723 Abbildungen, kartoniert, **DM 16,80**
Shuriken · Tonfa · Sai. Stockfechten und andere bewaffnete Kampfsportarten aus Fernost. (0397) Von Andreas Schulz, 96 Seiten, 253 Fotos, kartoniert, **DM 12,80**
Sicher durch Selbstverteidigung. (0233) Von Albrecht Pflüger, 136 Seiten, 310 Fotos und Zeichnungen, kartoniert, **DM 7,80**
Nunchaku. Waffe und Sport – Selbstverteidigung. (0373) Von Albrecht Pflüger, 144 Seiten, 247 Abbildungen, kartoniert, **DM 16,80**
Aikido. Moderne japanische Selbstverteidigung. (0248) Von Gerd Wischnewski, 132 Seiten, 256 Abbildungen, kartoniert, **DM 9,80**
Taekwon-Do. Koreanischer Kampfsport. (0347) Von Konstantin Gil, 152 Seiten, 408 Abbildungen, kartoniert, **DM 12,80**
Kampfsport Fernost. Kung-Fu – Judo – Karate – Kendo – Aikido. (4108) Von Jim Wilson, deutsch von H.-J. Hesse, 88 Seiten, 164 farbige Abbildungen, Pappband, **DM 22,–**
Karate-Do. Das Handbuch des modernen Karate. (4028) Von Albrecht Pflüger, 360 Seiten, über 1159 Abbildungen, gebunden, **DM 28,–**
Budo-Lexikon. 1500 Fachausdrücke fernöstlicher Kampfsportarten. (0383) Von Herbert Velte, 138 Seiten, 95 Abbildungen, kartoniert, **DM 9,80**
Budo-Weisheiten – und praktische Ratschläge. (0408) Herausgegeben von Herbert Velte, 80 Seiten, 8 Zeichnungen, kartoniert, **DM 9,80**
Kendo. Japanisches Stockfechten. (0413) Von Peter Jagemann, 120 Seiten, 170 Abbildungen, kartoniert, **DM 14,80**
Neue Lehrmethoden der Judo-Praxis. (0424) Von Pierre Herrmann, 223 Seiten, 475 Abbildungen, kartoniert, **DM 16,80**
Bruce Lee. Sein Leben und Kampf. Von seiner Frau Linda. (0392) Deutsch von W. Nottrodt, 136 Seiten mit vielen Abbildungen, **DM 16,80**
Hap Ki Do. Grundlagen und Techniken koreanischer Selbstverteidigung. (0379) Von Kim Sou Bong, 120 Seiten, 153 Abbildungen, kartoniert, **DM 14,80**

FALKEN + OHARA
Ein Exklusivabkommen mit dem weltgrößten Budo-Verlag OHARA, USA, ermöglicht es Falken, diese wichtige Produktion nun auch in deutscher Sprache dem Interessierten zugänglich zu machen.

Bruce Lees Jeet Kune Do
(0440) Von Bruce Lee, übersetzt von Hans Jürgen Hesse, 208 Seiten, mit 105 eigenhändigen Zeichnungen von Bruce Lee, kartoniert, **DM 19,80**

Dynamische Tritte. Grundlagen für den Freikampf. (0438) Von Chong Lee, übersetzt von Manfred Pabst, 96 Seiten, 398 Fotos, 10 Zeichnungen, kartoniert, **DM 9,80**

Fußwürfe für Judo, Karate und Selbstverteidigung. (0439) Von Hayward Nishioka, übersetzt von Hans Jürgen Hesse, 96 Seiten, 260 Abbildungen, kartoniert, **DM 9,80**

WISSEN UND TECHNIK

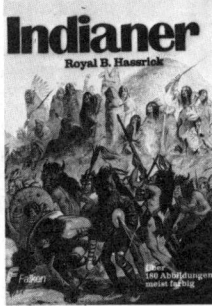

Indianer
(4106) Von Royal B. Hassrick, übersetzt von Friedrich Griese, 144 Seiten mit 200 Fotos, teils in Farbe, gbd., **DM 19,80**

Flugzeuge
(4024) Von E. Angelucci, deutsche Bearbeitung von Edouard Schartz, 288 Seiten, über die Hälfte drei- und vierfarbig, großer technischer Anhang, **DM 36,–**

Antiquitäten
(4105) Herausgegeben von Peter Philp, übersetzt von Britta Zorn, 144 Seiten, mit über 250 Abbildungen, davon 43 vierfarbig, gebunden, **DM 19,80**

Cowboys. (4107) Von Royal B. Hassrick, deutsch von R. Schastok, 141 Seiten, 160 Abbildungen, davon 46 farbig, gebunden, **DM 19,80**
Edelsteine und Mineralien. (4102) Von I. O. Evans, deutsch von K. F. Hasenclever, 128 Seiten, 136 Abbildungen, gebunden, **DM 19,80**
Lebensraum Erde. Menschen, Tiere, Pflanzen im Kampf ums Überleben. (4111) Von Malcolm Ross-Macdonald und Robert Allen, deutsche Bearbeitung und Ergänzung von Michael Geisthardt, 288 Seiten, 250 Farbfotos, gebunden mit Schutzumschlag, **DM 29,80**
Antiquitäten-(Ver)führer. Stilkunde – Wert – Echtheitsbestimmung. (5057) Von Margot Lutze, 128 Seiten, über 180 Abbildungen, durchgehend vierfarbig, Pappband, **DM 19,80**
Freizeit mit dem Mikroskop. (0291) Von Martin Deckart, 132 Seiten, 69 Fotos und 4 Zeichnungen, kartoniert, **DM 9,80**
Autoreport. Fahrtechnik und Fahrverhalten. (5058) Erarbeitet von der »Arbeitsgruppe Autoreport« unter Leitung von Klaus Schramböhmer, im Hause der Berolina-Film-TV, 71 Seiten, 113 Abbildungen, kartoniert, **DM 9,80**
Orientteppiche. Herkunft – Knüpfkunst – Echtheitsbestimmung. (5046) Von Horst Müller, 64 Seiten, 62 vierfarbige Abbildungen, Pappband, **DM 9,80**
1 × 1 des Fernsehens. Programm – Produktion – Technik. (0387) Von Bernhard von Watzdorf, 144 Seiten, mit zahlreichen Zeichnungen und Fotos, kartoniert, **DM 9,80**
Die schnellsten Motorräder der Welt. (4206) Von H. G. Isenberg und Dirk Maxeiner, 96 Seiten, 100 Farbabbildungen, Pappband, **DM 16,80**
Die schnellsten Autos der Welt. (4201) Von H. G. Isenberg und Dirk Maxeiner, 96 Seiten, 110 Abbildungen, überwiegend vierfarbig, Pappband, **DM 16,80**
Dampflokomotiven. (4204) Von Werner Jopp, 96 Seiten, 134 Farbabbildungen, Pappband, **DM 16,80**
Heiße Öfen. (5008) Von Horst Briel, 64 Seiten, 63 Farbabbildungen, Pappband, **DM 9,80**

PFLANZEN GARTEN TIERE

Pilze erkennen und benennen
(0380) Von J. Raithelhuber, 136 Seiten, 106 Farbfotos, kartoniert, **DM 9,80**

Beeren und Waldfrüchte
erkennen und benennen – eßbar oder giftig?
(0401) Von Jörg Raithelhuber, 136 Seiten, 90 Farbfotos, 40 s/w, kartoniert, **DM 9,80**

Katzen
Rassen · Aufzucht · Pflege
(4109) Von Grace Pond und Elisabeth Towe, deutsch von D. von Buggenhagen, 144 Seiten mit über 100 Farbfotos, Pbd., **DM 16,80**

Alpenblumen
(4202) Von Kurt Blüchel, 96 Seiten mit 80 Abbildungen, durchgehend vierfarbig, Pbd., **DM 16,80**

Das Aquarium
Einrichtung, Pflege und Fische für Süß- und Meerwasser. (4029) Von Hans J. Mayland. 334 S. mit über 415 Farbabbildungen u. Farbtafeln sowie 150 Zeichnungen u. Skizzen, Balacron mit vierfarbigem Schutzumschlag, abwaschbare Polyleinprägung, **DM 36,–**

Die farbige Kräuterfibel. (0245) Von Ingrid Gabriel, 196 Seiten, 142 Abbildungen, davon 49 farbig, Taschenbuchformat, gebunden, **DM 12,80**
Großes Kräuter- und Gewürzbuch. (4026) Von Heinz Görz, 584 Seiten, 40 Farbtafeln und 152 Abbildungen, gebunden mit Schutzumschlag, **DM 28,–**
Das farbige Pilzbuch. (0215) Von K. und G. Kronberger, 132 Seiten, 105 farbige Abbildungen, gebunden, **DM 12,80**
Fibel für Kakteenfreunde. (0199) Von H. Herold, 92 Seiten, 8 Farbtafeln, kartoniert, **DM 6,80**
Kakteen. Herkunft, Anzucht, Pflege. (5021) Von Werner Hoffmann, 64 Seiten, 70 Abbildungen, durchgehend vierfarbig, Pappband, **DM 9,80**
Orchideen. Eigenart – Schnittblumen – Topfkultur – Pflege. (5038) Von Dr. Gustav Schoser, 64 Seiten, 75 Farbfotos, Pappband, **DM 9,80**
Zimmerpflanzen. (5010) Von Inge Manz, 64 Seiten, 98 Farbabbildungen, Pappband, **DM 9,80**
Frühbeet und Kleingewächshaus. (5055) Von Dr. Gustav Schoser, 64 Seiten, 43 Farbfotos, durchgehend vierfarbig, Pappband, **DM 9,80**
Balkons in Blütenpracht zu allen Jahreszeiten. (5047) Von Nikolaus Uhl, 64 Seiten, 82 vierfarbige Abbildungen, Pappband, **DM 9,80**
Blumenpracht im Garten. (5014) Von Inge Manz, 64 Seiten, 93 Abbildungen, durchgehend vierfarbig, Pappband, **DM 9,80**
Rosen. Arten – Pflanzung – Pflege. (5065) Von Inge Manz, 64 Seiten, 60 Farbfotos, 1 Zeichnung, Pappband, **DM 9,80**
Gemüse und Kräuter. Frisch und gesund aus eigenem Anbau. (5024) Von Mechthild Hahn, 64 Seiten, 71 Abbildungen, durchgehend vierfarbig, Pappband, **DM 9,80**
Gärtnern. (5004) Von Inge Manz, 64 Seiten, 38 Farbabbildungen, Pappband, **DM 9,80**
Reitpferde. Rassen – Haltung – Reitschule. (4110) Von Pamela McGregor und Hartley Edwards, deutsch von E. Schwarz, 144 Seiten, über 100 Farbfotos, Pappband, **DM 16,80**
Wildtiere Europas. (4104) Von Maurice Burton, deutsche Bearbeitung Michael Geisthardt, 172 Seiten, 230 Abbildungen, durchgehend vierfarbig, gebunden, **DM 24,–**
Tiernamen-ABC für Züchter und Tierfreunde. (0372) Von Hans Schiefelbein, 104 Seiten, kartoniert, **DM 7,80**
Das Süßwasser-Aquarium. Einrichtung – Pflege – Fische – Pflanzen. (0153) Von W. Baehr und H. J. Mayland, 132 Seiten, 163 Zeichnungen und 8 Farbtafeln, kartoniert, **DM 6,80**
Das Meerwasser-Aquarium. Einrichtung – Pflege – Fische und niedere Tiere. (0281) Von Hans J. Mayland, 146 Seiten, 258 Abbildungen, davon 30 farbig, kartoniert, **DM 9,80**
Aquarienpflanzen. Alles über den Unterwassergarten. (5032) Von Hans J. Mayland, 64 Seiten, über 100 Farbfotos und Zeichnungen, Pappband, **DM 14,80**
Aquarienfische des tropischen Süßwassers. (5003) Von Hans J. Mayland, 64 Seiten, 98 Farbabbildungen, Pappband, **DM 9,80**

Der Garten
Das moderne illustrierte Standardwerk (4044) Von Gerhard Bambach, unter Mitarbeit von Ulrich Kaiser, Wolfgang Velte und Joachim Zech, 826 Seiten mit über 800 Abbildungen und Gartenskizzen, teils vierfarbig, gebunden mit Schutzumschlag. **DM 39,–**

Ponys
Rassen, Haltung, Reiten (4205) Von Stefan Braun, 96 Seiten mit 84 Farbabbildungen, gebunden, **DM 16,80**

Großes Handbuch für den Haustierfreund
(4037) Von Diana von Buggenhagen unter Mitarbeit vieler namhafter Autoren, 464 Seiten mit vielen Fotos, Zeichnungen und Farbtafeln, gbd., **DM 29,80**

Amphibien und Reptilien im Terrarium. Lebensgewohnheiten – Arten – Pflege. (5056) Von Kurt Rimpp, 64 Seiten, 70 Farbabbildungen, 19 Zeichnungen, durchgehend vierfarbig, Pappband, **DM 9,80**
Die lieben Haustiere. (5023) Von Justus Pfaue, 92 Seiten mit vielen Abbildungen, kartoniert, **DM 12,80**
Das neue Hundebuch. (0009) Von W. Busack, überarbeitet von Dr. med. vet. A. Hacker, 104 Seiten, zahlreiche Abbildungen auf Kunstdrucktafeln, kartoniert, **DM 5,80**
Hunde-Ausbildung. Verhalten – Gehorsam – Abrichtung. (0346) Von Prof. Dr. R. Menzel, 96 Seiten, 18 Fotos, kartoniert, **DM 7,80**
Der deutsche Schäferhund. (0073) Von Dr. Hacker, 104 Seiten, 24 Abbildungen auf Kunstdrucktafeln, kartoniert, **DM 6,80**
Das neue Katzenbuch. Rassen – Aufzucht – Pflege. (0427) Von Brigitte Eilert-Overbeck, 128 Seiten, 14 Farbfotos und 26 schwarzweiß, kartoniert, **DM 7,80**
Vögel. Ein Beobachtungs- und Bestimmungsbuch. (0290) Von Dr. Winfried Potrykus, mit Zeichnungen von Ursula Grawert, 120 Seiten, 233 Abbildungen, davon 160 farbig, Pappband, **DM 12,80**
Ziervögel in Haus und Voliere. Arten – Verhalten – Pflege. (0377) Von Horst Bielfeld, 144 Seiten, 32 Farbfotos, kartoniert, **DM 9,80**

FORTBILDUNG UND BERUF

Maschinenschreiben durch Selbstunterricht Band 1. (0170) Von A. Fonfara, 84 Seiten mit vielen Abbildungen, kartoniert, **DM 4,80**
Maschinenschreiben durch Selbstunterricht Band 2. (0252) Von Hanns Kaus, 84 Seiten, kartoniert, **DM 4,80**
Stenografie – leicht gelernt. (0266) Von Hanns Kaus, 64 Seiten, kartoniert, **DM 5,80**
Rechnen aufgefrischt. (0100) Von H. Rausch, 108 Seiten, kartoniert, **DM 5,80**
Buchführung leicht gefaßt. (0127) Von R. Pohl, 104 Seiten, kartoniert, **DM 6,80**
Reden – diskutieren – verhandeln. (0272) Von Georg Bauer, 112 Seiten, kartoniert, **DM 7,80**
Aufgaben lösen und **Spiele mit dem Taschenrechner.** (5060) Von Peter Fleischhauer, Fernsehbegleitbuch, 120 Seiten, 55 Abbildungen und Zeichnungen, kartoniert, **DM 9,80**
Schülerlexikon der Mathematik. Formeln, Übungen und Begriffserklärungen für die Klassen 5–10. (0430) Von Robert Müller, 176 Seiten, 96 Zeichnungen, kartoniert, **DM 9,80**
Aufsätze besser schreiben. Förderkurs für die Klassen 4–10. (0429) Von Kurt Schreiner, 144 Seiten, 4 Fotos und 27 Zeichnungen, kartoniert, **DM 9,80**
Wie behandle ich meinen Chef? (5030) Von Dr. Bernd Gasch und Ulrike Hess, 88 Seiten mit Karikaturen, kartoniert, **DM 9,80**
Einmaleins der Demokratie im sozialen Verwaltungsstaat. (0407) Von Prof. Dr. Richard Bartlsperger, 128 Seiten mit Grafiken und Abbildungen, kartoniert, **DM 9,80**

ESSEN UND TRINKEN

Grillen – drinnen und draußen
(4032) Von C. Arius, 160 Seiten, 35 Farbabbildungen, Balacroneinband, geb., **DM 19,80**

Natursammlers Kochbuch
Wildfrüchte und -gemüse, Pilze, Kräuter – finden und zubereiten.
(4040) Von Christa-Maria Kerler, 140 Seiten, 12 Farbtafeln, Pbd. mit vierfarbigem Überzug, **DM 19,80**

Alles mit Obst. Einkochen – Einlegen – Einfrieren. (0364) Von M. Hoff und B. Müller, 96 Seiten, 8 Farbtafeln, kartoniert, **DM 6,80**
Selbst Brotbacken mit über 50 erprobten Rezepten. (0370) Von Jens Schiermann, 80 Seiten, 6 Zeichnungen, 4 Farbtafeln, kartoniert, **DM 6,80**
Leckereien vom Spieß und Grill. (0169) Von J. Zadar, 80 Seiten, 13 Abbildungen, kartoniert, **DM 5,80**
Gesunde Kost aus dem Römertopf. (0442) Von Jutta Kramer, 128 Seiten, 8 Farbtafeln, 13 Zeichnungen, kartoniert, **DM 7,80**
88 köstliche Salate. (0222) Von Christine Schönherr, 104 Seiten, 8 Farbtafeln, kartoniert, **DM 6,80**
Miekes Kräuter- und Gewürzkochbuch. (0323) Von Irmgard Persy und Klaus Mieke, 96 Seiten, 8 Farbtafeln, kartoniert, **DM 6,80**
Garen im Herd. Rezepte für Brattöpfe. (0345) Von Eva Exner, 96 Seiten, 8 Farbtafeln, kartoniert, **DM 6,80**
Schnell gekocht – gut gekocht mit vielen Rezepten für Schnellkochtöpfe und Schnellbratpfannen. (0265) Von Irmgard Persy, 96 Seiten, 8 Farbtafeln, kartoniert, **DM 6,80**
Hobby-Kochbuch für Tiefkühlkost. Bunte TK-Fibel. (0302) Von Ruth Vollmer-Ruprecht, 104 Seiten, 8 Farbtafeln, kartoniert, **DM 6,80**
Soßen. Die Krönung der feinen Küche. (0357) Von Giovanni Cavestri, 100 Seiten, 14 Farbtafeln, kartoniert, **DM 8,80**
Einkochen nach allen Regeln der Kunst. (0405) Von Birgit Müller, 96 Seiten, 8 Farbtafeln, kartoniert, **DM 6,80**
Fritieren – neu – geruchlos, schmackhaft und gesund. (0365) Von Marianne Bormio, 96 Seiten, 8 Farbtafeln, kartoniert, **DM 6,80**

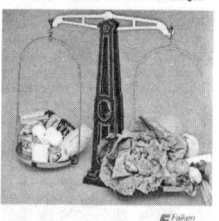

Großes Getränkebuch
Wein · Sekt · Bier und Spirituosen aus aller Welt, pur und gemixt.
(4039) Von Claus Arius, 288 Seiten mit Register, 179 teils großformatige Farbfotos, Balacron mit farbigem celloph. Schutzumschlag, Schuber, **DM 58,–**

Kalorien · Joule
Eiweiß · Fett · Kohlehydrate tabellarisch nach gebräuchlichen Mengen
(0374) Von Marianne Bormio, 88 Seiten, kartoniert, **DM 4,80**

Das neue Mikrowellen-Kochbuch (0434) Von Hermann Neu, 64 Seiten, 4 Farbtafeln, kartoniert, **DM 5,80**
Rezepte rund um Raclette und Hobby-Rechaud. (0420) Von Jack W. Hochscheid, 72 Seiten, 8 Farbtafeln, kartoniert, **DM 7,80**
Die neue Grillküche. Garen und backen im Quarz-Grill. (0419) Von Marianne Bormio, 80 Seiten, 8 Farbtafeln, kartoniert, **DM 7,80**
Grillen mit dem Kontaktgrill. (0441) Von Birgit Müller, ca. 96 Seiten, 8 Farbtafeln, kartoniert, ca. **DM 7,80**
Alles mit Joghurt – tagfrisch selbst gemacht mit vielen Rezepten. (0382) Von Gerda Volz, 88 Seiten, 8 Farbtafeln, kartoniert, **DM 6,80**
Neue Cocktails und Drinks. Frisch gemixt und scharf geschüttelt. (0187) Von Chr. Taylor, 84 Seiten, 8 Zeichnungen, Pappband, **DM 8,80**
Cocktails und Mixereien. (0075) Von J. Walker, 104 Seiten, 25 Zeichnungen, kartoniert, **DM 5,80**
Tee für Genießer. (0356) Von Marianne Nicolin, 64 Seiten, 4 Farbtafeln, kartoniert, **DM 5,80**
Alles über Einkochen, Einlegen, Einfrieren. (4055) Von Birgit Müller, 152 Seiten, 15 Farbtafeln, in flexiblem Karton gebunden, **DM 7,95**
Max Inzingers 111 beste Rezepte. (4041) Von Max Inzinger, 124 Seiten, 35 Farbtafeln, kartoniert, **DM 19,80**
(4042) Gebundene Luxusausgabe mit Balacron und Goldprägung, **DM 26,–**

IDEAL ZUM SAMMELN UND VERSCHENKEN

Diese Bände aus der Reihe Falken farbig sind durchgehend vierfarbig gestaltet

Kalte Platten – Kalte Büffets
(5015) Von Margit Gutta, 64 Seiten, durchgehend vierfarbig mit 34 Farbabbildungen, Pbd., **DM 9,80**

Kalte und warme Vorspeisen
einfach · herzhaft · raffiniert
(5045) Von Karin Iden, 64 Seiten, 43 vierfarbige Abbildungen, Pbd., **DM 9,80**

Desserts
(5020) Von Margit Gutta, 64 Seiten mit
38 Abbildungen, durchgehend vierfarbig,
Pbd., **DM 9,80**

Kuchen und Torten
(5067) Von Klaus Groth, 64 Seiten mit
42 Abbildungen, durchgehend vierfarbig,
Pbd., **DM 9,80**

Kalte Happen
und Partysnacks
(5029) Von Dolly Peters, 64 Seiten,
35 vierfarbige Abbildungen, Pbd.,
DM 9,80

Chinesisch kochen
(5011) Von Karl-Heinz Haß, 64 Seiten,
33 Farbabbildungen, Pbd., **DM 9,80**

Deutsche Spezialitäten
(5025) Von R. Piwitt, 64 Seiten, 37 Abbildungen, durchgehend vierfarbig, Pbd.,
DM 9,80

Ostasiatische Küche
schmackhaft und bekömmlich
(5066) Von Taki Sozuki, 64 Seiten, mit
38 Abbildungen, durchgehend vierfarbig,
Pbd., **DM 9,80.**

Italienische Küche
(5026) Von Margit Gutta, 64 Seiten,
33 Abbildungen, durchgehend vierfarbig,
Pbd., **DM 9,80**

Französisch kochen
(5016) Von Margit Gutta, 64 Seiten,
durchgehend vierfarbig mit 35 Farbabbildungen, Pbd., **DM 9,80**

Fischküche
kalt und warm · mild und herzhaft
(5052) Von Heidrun Gebhardt, 64 Seiten,
36 Abbildungen, durchgehend vierfarbig,
Pbd., **DM 9,80**

Raffinierte Steaks
und andere Fleischgerichte
(5043) Von Gerhard Eckert, 64 Seiten,
37 vierfarbige Abbildungen, Pbd.,
DM 9,80

Geflügel. Die besten Rezepte aus aller Welt. (5050) Von Margit Gutta, 64 Seiten, 32 Abbildungen, durchgehend vierfarbig, Pappband, **DM 9,80**
Salate. (5002) Von Inge Zechmann, 64 Seiten, 47 Abbildungen, durchgehend vierfarbig, Pappband, **DM 9,80**
Der schön gedeckte Tisch. (5005) Von Rolf Stender, 64 Seiten, 60 Abbildungen, durchgehend vierfarbig, Pappband, **DM 9,80**
Grillen. (5001) Von Inge Zechmann, 64 Seiten, 38 Abbildungen, durchgehend vierfarbig, Pappband, **DM 9,80**
Am Tisch zubereitet. Flambieren – Fondue – Grill – Rechaud – Raclette. (5051) Von Marianne Nicolin, 64 Seiten, 34 Abbildungen, durchgehend vierfarbig, Pappband, **DM 9,80**
Spanische Küche. (5037) Von Margit Gutta, 64 Seiten, 35 Abbildungen, durchgehend vierfarbig, Pappband, **DM 9,80**
Mixen mit und ohne Alkohol. (5017) Von Holger Hofmann, 64 Seiten, 35 Abbildungen, durchgehend vierfarbig, Pappband, **DM 9,80**
Österreichische Küche. (5022) Von Helga Holzinger, 64 Seiten, 35 Abbildungen, durchgehend vierfarbig, Pappband, **DM 9,80**
Fondues. (5006) Von Eva Exner, 64 Seiten, 50 Abbildungen, durchgehend vierfarbig, Pappband, **DM 9,80**
Rund um den Rum Von der Feuerzangenbowle zum Karibiksteak. (5053) Von Holger Hofmann, 64 Seiten, 32 Abbildungen, durchgehend vierfarbig, Pappband, **DM 9,80**

GESUNDHEIT UND SCHÖNHEIT

Koch' mit Köpfchen
Iß das Richtige zum Schlankwerden
(0421) Von Max Inzinger, 92 Seiten, kartoniert, **DM 7,80**

Das große Hausbuch der Naturheilkunde
(4052) Von Gerhard Leibold, 386 Seiten, 18 Farbfotos und 8 schwarzweiß, 196 Zeichnungen, gebunden mit vierfarbigem Schutzumschlag, **DM 29,80**

Der praktische Hausarzt
(4011) Unter Mitarbeit zahlreicher Fachärzte, koordiniert von Dr. Eric Weiser, 718 Seiten, 487 Abbildungen und 16 Farbtafeln, **nur DM 19,80**

Computer-Menüs zum Schlankwerden. Die 1000-Kalorien-Kost aus dem Computer. (0317) Von Dr. Maria Wagner und Ulrike Schubert, 92 Seiten mit vielen Tabellen, kartoniert, **DM 6,80**
Rohkost – abwechslungsreich – schmackhaft – gesund. (5044) Von Ingrid Gabriel, 64 Seiten, 40 Abbildungen, durchgehend vierfarbig, Pappband, **DM 9,80**
Schonkost heute. Vollwertige Ernährung für Gesunde und Magen-Darm-Galle-Leber-Diät. (0360) Von Monika Oehlrich und Ulrike Schubert, 140 Seiten, 8 Farbtafeln, kartoniert, **DM 9,80**
Neue Rezepte für Diabetiker-Diät. Vollwertig – abwechslungsreich – kalorienarm. (0418) Von Monika Oehlrich, 120 Seiten, 8 Farbtafeln, kartoniert, **DM 9,80**
Fibel für Zuckerkranke. Wesen und Symptome der Krankheit, Behandlungsmethoden, Tabletten, Insulin, Diät. (0110) Von Dr. med. Th. Kantschew, 148 Seiten, Zeichnungen und Tabellen, kartoniert, **DM 7,80**
Die 11 erfolgreichsten Schlankheitskuren. (5035) Von Pia Pervensche, 64 Seiten, 36 Rezeptfotos, Pappband, **DM 9,80**
Die neue leckere Diätküche. (5034) Von Ulrike Schubert, 64 Seiten, 30 Rezeptfotos, Pappband, **DM 9,80**
Heilkräfte der Natur. (4203) Von Kurt Blüchel, 96 Seiten, 85 Abbildungen, durchgehend vierfarbig, Pappband, **DM 16,80**
Eigenbehandlung durch Akupressur. Heilwirkungen – Energielehre – Meridiane. (0417) Von Gerhard Leibold, 152 Seiten, 78 Abbildungen, kartoniert, **DM 9,80**
Gesund und fit durch Gymnastik. (0366) Von Hannelore Pilss-Samek, 132 Seiten, 150 Abbildungen, kartoniert, **DM 7,80**
Aqua-Rhythmik. Wasserübungen zum Fit- und Schlankwerden. (0416) Von Ilse Nolte-Heuritsch, 88 Seiten, 51 Abbildungen und Zeichnungen, kartoniert, **DM 7,80**
Yoga gegen Haltungsschäden und Rückenschmerzen. Krokodil-Übungen für jung und alt. (0394) Von Alois Raab, 104 Seiten, 215 Abbildungen, kartoniert, **DM 5,80**
Gesundheit und Spannkraft durch Yoga. (0321) Von Dr. Lothar Frank und Ursula Ebbers, 120 Seiten, 50 Fotos, kartoniert, **DM 6,80**
Yoga für jeden mit Kareen Zebroff. (0341) 142 Seiten, 135 Abbildungen, kartoniert, **DM 18,–**
Schön, schlank und fit mit Kareen Zebroff. (0371) 176 Seiten, 126 Abbildungen, kartoniert, **DM 20,–**
Yoga für Mütter und Kinder. (0349) Von Kareen Zebroff, 128 Seiten, 139 Abbildungen, kartoniert, **DM 18,–**

BRIEFSTELLER

Moderne Korrespondenz
(4014) Von H. Kirst und W. Manekeller, 570 Seiten, gebunden, **DM 39,–**
Durch bessere Briefe mehr Erfolg! Hier liegt der umfassende Ratgeber aus der Praxis für die Praxis unter Berücksichtigung aller Formen und DIN-Normen vor.
Mit diesem wertvollen Helfer wird jeder auf lange Sicht mehr zu leisten und mehr zu verdienen imstande sein.

Behördenkorrespondenz
Musterbriefe · Anträge · Einsprüche
(0412) Von Elisabeth Ruge, 120 Seiten, kartoniert,
DM 6,80

Lebenslauf und Bewerbung
Beispiele für Inhalt, Form und Aufbau
(0428) Von Hans Friedrich, 112 Seiten, kartoniert,
DM 5,80

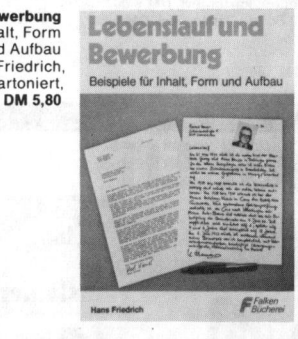

Erfolgreiche Kaufmanns-Praxis
Wirtschaftliche Grundlagen, Geld, Kreditwesen, Steuern, Betriebsführung, Recht, EDV
(4046) Von Wolfgang Göhler, Herbert Gölz, Manfred Heibel, Dr. Detlev Machenheimer, mit einem Vorwort von Dr. Karl Obermayr, 544 Seiten, geb. mit Schutzumschlag,
DM 34,–

Geschäftliche Briefe des Handwerkers und Kaufmanns. (0041) Von A. Römer, 96 Seiten, kartoniert, **DM 5,80**
Der neue Briefsteller. (0060) Von I. Wolter-Rosendorf, 112 Seiten, kartoniert, **DM 5,80**
Musterbriefe für alle Gelegenheiten. (0231) Herausgegeben von Olaf Fuhrmann, 248 Seiten, kartoniert, **DM 9,80**
Die erfolgreiche Bewerbung. (0173) Von W. Manekeller, 152 Seiten, kartoniert, **DM 8,80**
Erfolgreiche Bewerbungsbriefe und Bewerbungsformen. (0138) V. W. Manekeller, 88 Seiten, kartoniert, **DM 4,80**
Die Redekunst, Redetechnik, Rednererfolg. (0076) Von Kurt Wolter, überarbeitet von Dr. W. Tappe, 80 Seiten, kartoniert, **DM 4,80**
Großes Buch festlicher Reden und Ansprachen. (4009) Herausgegeben von F. Sicker, 468 Seiten, Lexikonformat, Ganzleinen, **DM 34,–**
Festreden und Vereinsreden. (0069) Von K. Lehnhoff, 72 Seiten, kartoniert, **DM 4,80**

GLÜCKWÜNSCHE

Rosen, Tulpen, Nelken...
Beliebte Verse fürs Poesiealbum
(0431) Von Waltraud Pröve, 96 Seiten mit Faksimile-Abbildungen, kartoniert,
DM 5,80

Kindergedichte zur Grünen, Silbernen und Goldenen Hochzeit
(0318) Von Hans-Jürgen Winkler, 80 Seiten, kartoniert,
DM 4,80

Glückwünsche, Toasts und Festreden zur Hochzeit. (0264) Von Irmgard Wolter, 88 Seiten, kartoniert, **DM 4,80**
Trinksprüche, Richtsprüche, Gästebuchverse. (0224) Von D. Kellermann, 80 Seiten, kartoniert, **DM 4,80**
Großes Buch der Glückwünsche. (0255) Herausgegeben von Olaf Fuhrmann, 240 Seiten, 64 Zeichnungen und viele Gestaltungsvorschläge, kartoniert, **DM 9,80**
Neue Glückwunschfibel für Groß und Klein. (0156) Von R. Christian-Hildebrandt, 96 Seiten, kartoniert, **DM 4,80**
Glückwunschverse für Kinder. (0277) Von B. Ulrici, 80 Seiten, kartoniert, **DM 4,80**
Verse fürs Poesiealbum. (0241) Von Irmgard Wolter, 96 Seiten, 20 Abbildungen, kartoniert, **DM 4,80**
Hochzeitszeitungen. Mit vielen Text- und Gestaltungsanregungen. (0288) Von Hans-Jürgen Winkler, 104 Seiten, 15 Abbildungen, 1 Musterzeitung, kartoniert, **DM 5,80**

DEUTSCH FÜR AUSLÄNDER

Deutsch – Ihre neue Sprache. Grundbuch. (0327) Von H. J. Demetz und J. M. Puente, 204 Seiten mit über 200 Abbildungen, kartoniert, **DM 14,80**
Deutsch – Ihre neue Sprache. Lehrerheft. (0328) Von H. J. Demetz und J. M. Puente, 48 Seiten, kartoniert, **DM 3,80**
Glossar Italienisch. (0329) Von H. J. Demetz und J. M. Puente, 62 Seiten, kartoniert, **DM 6,80**
Glossar Spanisch. (0330) Von H. J. Demetz und J. M. Puente, 62 Seiten, kartoniert, **DM 6,80**
Glossar Serbo-kroatisch. (0331) Von H. J. Demetz und J. M. Puente, 62 Seiten, kartoniert, **DM 6,80**
Glossar Türkisch. (0332) Von H. J. Demetz und J. M. Puente, 62 Seiten, kartoniert, **DM 6,80**
Glossar Griechisch. (0333) Von H. J. Demetz und J. M. Puente, 62 Seiten, kartoniert, **DM 6,80**
Glossar Portugiesisch. (0334) Von H. J. Demetz und J. M. Puente, 62 Seiten, kartoniert, **DM 6,80**
Glossar Arabisch. (0335) Von H. J. Demetz und J. M. Puente, 62 Seiten, kartoniert, **DM 6,80**
Glossar Englisch. (0336) Von H. J. Demetz und J. M. Puente, 62 Seiten, kartoniert, **DM 6,80**
Glossar Französisch. (0337) Von H J. Demetz und J. M. Puente, 62 Seiten, kartoniert, **DM 6,80**
Tonband 13 cm, 9,5 cm/sec., 91 Min., Doppelspur. (0338) **DM 89,–**
2 Compact-Cassetten, 90 Min., einspurig. (0339) **DM 36,–**
135 Diapositive, Texterschließung der Lerneinheiten I–X. (0340) **DM 180,–**

GESELLIGKEIT

Wir geben eine Party
(0192) Von R. Christian-Hildebrandt, 84 Seiten, 8 Kunstdrucktafeln, kartoniert,
DM 5,80

Neue Spiele für Ihre Party
(2022) Von Gerda Blechner, mit vielen Zeichnungen von Fee Buttig, 120 Seiten, kartoniert, **DM 7,80**

Die schönsten Volkslieder
(0432) Von Dietmar Walther, 128 Seiten, mit Notenbeispielen und Zeichnungen, kartoniert, **DM 4,80**

Partytänze – Partyspiele
(5049) Von Wally Kaechele, 94 Seiten mit 104 Fotos, herausgegeben von der »tanz-illustrierten«, Pbd.,
DM 12,80

Tanzstunde
Die 11 Tänze des Welttanzprogramms
(5018) Von Gerd Hädrich, 120 Seiten, 372 Fotos und Schrittskizzen, Pbd.,
DM 15,–

Der gute Ton – ein moderner Knigge. (0063) Von I. Wolter, 156 Seiten, 36 Zeichnungen und 8 Tabellen mit 28 Abbildungen, kartoniert, **DM 7,80**
So feiert man Feste fröhlicher. (0098) Von Dr. Allos, 96 Seiten, 15 Abbildungen, kartoniert, **DM 5,80**

Tischkarten und Tischdekorationen. (5063) Von Gabriele Vocke, 64 Seiten, 79 Abbildungen, durchgehend vierfarbig, Pappband, **DM 9,80**
Lustige Tanzspiele und Scherztänze. (0165) Von E. Bäulke, 80 Seiten, 53 Abbildungen, kartoniert, **DM 4,80**
Wir lernen tanzen mit dem Ehepaar Fern. (0200) Von Ernst und Helga Fern, 168 Seiten, 125 Fotos und 46 Schrittdiagramme, kartoniert, **DM 8,80**
Wir lernen Modetänze mit dem Ehepaar Fern. (0249) Von E. Fern, 128 Seiten, 109 Fotos, kartoniert, **DM 7,80**
Tanzstunde 2. Figuren für Fortgeschrittene. (5027) Von Gerd Hädrich, 72 Seiten, 233 Abbildungen, Pappband, **DM 10,–**
Sing mit Fischer. (0422) Herausgegeben vom Freundeskreis der Fischer-Chöre, 176 Seiten, 16 Farbtafeln, kartoniert, **DM 9,80**

DENKSPORT

Der große Rätselknacker. (4022) Über 100 000 Rätselfragen, zusammengestellt von H. J. Winkler, 544 Seiten, Lexikonformat, kartoniert, **DM 19,80**
Großes Rätsel-ABC. (0246) Von H. Schiefelbein, 416 Seiten, gebunden, **DM 16,–**
Rätsel lösen – ein Vergnügen. (0182) Von E. Maier, 240 Seiten, kartoniert, **DM 9,80**
Quiz. (0129) Von R. Sautter, 96 Seiten, 50 Abbildungen, kartoniert, **DM 5,80**
Denksport und Schnickschnack für Tüftler und fixe Köpfe. (0362) Von Jürgen Barto, 100 Seiten, 45 Abbildungen, kartoniert, **DM 6,80**
Knobeleien und Denksport. (2019) Von Klas Rechberger, 142 Seiten mit vielen Zeichnungen, kartoniert, **DM 7,80**
Rate mal. Scherzfragen, Ratespiele und -geschichten. (2023) Von Felicitas Buttig, 112 Seiten, 19 Zeichnungen, kartoniert, **DM 6,80**

HUMOR

O frivol ist mir am Abend
Pikante Witze
von Fred Metzler
(0388) Von Fred Metzler, 128 Seiten mit Karikaturen (Taschenbuchformat) kartoniert, **DM 6,80**

Die besten Ärztewitze (0399) zusammengestellt von Britta Zorn, 272 Seiten mit 42 Karikaturen von Ulrich Fleischhauer, mit vierfarbigem Schutzumschlag, gebunden, **DM 7,95**

Das große Buch der Witze (0384) 320 Seiten, 36 Zeichnungen von E. Holz, vierfarbiger Schutzumschlag, gebunden, **DM 9,80**

Humoristischer Hausschatz (3062) Von Wilhelm Busch, 368 Seiten, 1600 Abbildungen, Großformat, gebunden, **DM 19,80**

Die große Lachparade (0188) Von E. Müller, 108 Seiten, kartoniert, **DM 6,80**

Rings um den Karneval Karnevalsscherze und Büttenreden (0130) Von Dr. Allos, 136 Seiten, kartoniert, **DM 6,80**

Ostfriesen Allerlei. (0381) Von Timm Bruhns, 104 Seiten, Taschenbuchformat, kartoniert, **DM 4,80**
Ostfriesenwitze. (0285) Band 1: Onno Freese, 80 Seiten, 7 Karikaturen, kartoniert, **DM 3,–**
Ostfriesenwitze. (0286) Band 2: Enno van Rentjeborgh, 80 Seiten, 10 Karikaturen, kartoniert, **DM 3,–**
Die Rache der Ostfriesen. (0294) 80 Seiten, kartoniert, **DM 3,–**
Fred Metzlers Witze mit Pfiff. (0368) 120 Seiten, Taschenbuchformat, kartoniert, **DM 6,80**
Lachen, Witz und gute Laune. (0149) Von E. Müller, 104 Seiten, 44 Abbildungen, kartoniert, **DM 5,80**
Vergnügliches Vortragsbuch. (0091) Von J. Plaut, dem Altmeister des Humors, 192 Seiten, kartoniert, **DM 7,80**
Kritik des Herzens – Gedichte. (3032) Von Wilhelm Busch, 100 Seiten, gebunden, **DM 9,80**
Schein und Sein – Gedichte. (3034) Von Wilhelm Busch. 104 Seiten, gebunden, **DM 9,80**
Wilhelm-Busch-Album. Jubiläumsausgabe mit 1700 farbigen Bildern. (3028) 408 Seiten, 1700 durchgehend farbige Bilder, Großformat, in Leinen gebunden, **DM 36,–**
Häschen Witze. (0410) Gesammelt von Sigrid Utner, 80 Seiten, 16 Zeichnungen, broschiert, **DM 3,–**
Die neuesten Häschen Witze. (0411) Gesammelt von Sigrid Utner, 80 Seiten, 26 Zeichnungen, broschiert, **DM 3,–**
Fußball-Witze. (0443) Mit Witzen und Karikaturen von Wolfgang Willnat, 80 Seiten, 73 Zeichnungen, Querformat, kartoniert, **DM 3,–**
Robert Lembkes Witzauslese. (0325) Erzählt von Robert Lembke, 160 Seiten, mit 10 Zeichnungen von E. Köhler, gebunden mit vierfarbigem Schutzumschlag, **DM 14,80**
Lustige Vorträge für fröhliche Feiern, Sketsche, Vorträge und Conferencen für Karneval und fröhliche Feste. (0284) Von K. Lehnhoff, 96 Seiten, kartoniert, **DM 6,80**
Tolle Sachen zum Schmunzeln und Lachen. (0163) Von E. Müller, 92 Seiten, kartoniert, **DM 6,80**
Humor für jedes Ohr. (0157) Von H. Ehnle, 96 Seiten, kartoniert, **DM 6,80**
Fidelitas und Trallala. (0120) Von Dr. Allos, 104 Seiten, viele Abbildungen, kartoniert, **DM 6,80**
Sketsche. (0247) Von Margarete Gering, 132 Seiten, mit 28 Abbildungen, kartoniert, **DM 6,80**
Narren in der Bütt. (0216) Zusammengestellt von Th. Lücker, 112 Seiten, kartoniert, **DM 5,80**
Helau + Alaaf. Närrisches aus der Bütt. (0304) Von Erich Müller, 112 Seiten, kartoniert, **DM 6,80**
Damen in der Bütt. Scherze, Büttenreden, Sketsche. (0354) Von Traudi Müller, 136 Seiten, kartoniert, **DM 6,80**

SPIELEN

Kartenspiele
(2001) Von Claus D. Grupp,
144 Seiten, kartoniert,
DM 7,80

Spielen mit Rudi Carrell
113 Spiele für Party und Familie
(2014) Von Rudi Carrell,
160 Seiten mit 50 Abbildungen, gebunden, **DM 14,80**

Zaubern
einfach – aber verblüffend
(2018) Von Dieter Bouch,
84 Seiten mit Zeichnungen,
kartoniert, **DM 5,80**

Spieltechnik im Bridge. (2004) Von Victor Mollo/Nico Gardener, deutsche Adaption von Dirk Schröder, 216 Seiten, kartoniert, **DM 16,80**
Spielend Bridge lernen. (2012) Von Josef Weiss, 108 Seiten, kartoniert, **DM 7,80**
Neues Buch der Kartenspiele. (0095) Von K. Lichtwitz, 84 Seiten, kartoniert, **DM 4,80**
Das Skatspiel. (0206) Von K. Lehnhoff, bearbeitet von Alt-Skatmeister P. A. Höfges, 96 Seiten, kartoniert, **DM 5,80**
Alles über Skat (2005) Von Günter Kirschbach, 144 Seiten, kartoniert, **DM 7,80**
Patiencen in Wort und Bild. (2003) Von Irmgard Wolter, 136 Seiten, kartoniert, **DM 7,80**
Schafkopf, Doppelkopf, Binokel, Cego, Gaigel, Jaß, Tarock und andere. (2015) Von Claus D. Grupp, 152 Seiten, kartoniert, **DM 8,80**
Backgammon für Anfänger und Könner. (2008) Von G. W. Fink und G. Fuchs, 116 Seiten, 41 Zeichnungen, kartoniert, **DM 9,80**
Gesellschaftsspiele für drinnen und draußen. (2006) Von Heinz Görz, 128 Seiten, kartoniert, **DM 6,80**
Würfelspiele. (2007) Von Friedrich Pruss, 112 Seiten, kartoniert, **DM 6,80**
Mini-Spiele für unterwegs und überall. (2016) Von Irmgard Wolter, 152 Seiten, kartoniert, **DM 9,80**
Spiele für Theke und Stammtisch. (2021) Von Claus D. Grupp, 104 Seiten, 27 Zeichnungen, kartoniert, **DM 6,80**
Kartentricks. (2010) Von T. A. Rosee, 80 Seiten, 13 Zeichnungen, kartoniert, **DM 5,80**
Zaubertricks. Das große Buch der Magie. (0282) Von Jochen Zmeck, 244 Seiten, 113 Abbildungen, kartoniert, **DM 12,80**
Roulette richtig gespielt. (0121) Von M. Jung, 96 Seiten, zahlreiche Tabellen, kartoniert, **DM 6,80**
Glücksspiele mit Kugeln, Würfeln und Karten. (2013) Von Claus D. Grupp, 116 Seiten, kartoniert, **DM 7,80**
Das Schachspiel. (0104) Von W. Wollenschläger, 72 Seiten, 65 Diagramme, kartoniert, **DM 4,80**
Schach für Fortgeschrittene. Taktik und Probleme des Schachspiels. (0219) Von R. Teschner, 96 Seiten, 85 Schachdiagramme, kartoniert, **DM 5,80**
Spielend Schach lernen. (2002) Von Theo Schuster, 128 Seiten, kartoniert, **DM 6,80**
Alles über Pokern. Regeln und Tricks. (2024) Von Claus D. Grupp, 120 Seiten, 29 Kartenbilder, kartoniert, **DM 6,80**

Wir spielen
Hunderte Spiele für einen und viele
(4034) Von Heinz Görz, 430 Seiten mit
370 farbigen Zeichnungen, gbd.,
DM 26,–

Schach dem Weltmeister Karpow
(0433) Von Theodor Schuster,
136 Seiten, 19 Abbildungen
und 83 Diagramme, kartoniert,
DM 12,80.

Schach
Das Handbuch für Anfänger und Könner
(4051) Von Theo Schuster, 360 Seiten
mit über 340 Diagrammen, gbd., mit
Schutzumschlag, **DM 26,–**

KINDERBESCHÄFTIGUNG

Ingeborg Rathmann

Zeitgemäße Beschäftigung mit Kindern

Zeitgemäße Beschäftigung mit Kindern
(4025) Von Ingeborg Rathmann, 496 Seiten, 450 Abbildungen, 16 Farbtafeln, gbd.,
DM 29,80

Kinderfeste daheim und in Gruppen
(4033) Von Gerda Blecher,
240 Seiten, 320 Abbildungen,
Balacroneinband, gbd.,
DM 19,80

Spiele für Kleinkinder. (2011) Von Dieter Kellermann, 80 Seiten, kartoniert, **DM 5,80**
Kinderspiele, die Spaß machen. (2009) Von Helen Müller-Stein, 112 Seiten, 28 Abbildungen, kartoniert, **DM 6,80**
Kindergeburtstag. Einladung – Vorbereitung – Ablauf. Mit vielen Spiel- und Beschäftigungsvorschlägen. (0287) Von
Dr. Ilse Obrig, 104 Seiten, 40 Abbildungen, 11 Zeichnungen, 9 Lieder mit Noten, kartoniert, **DM 5,80**
Tipps und Tapps. Maschinenschreib-Fibel für Kinder. (0274) Von H. Kaus, 48 Seiten, farbige Abbildungen, kartoniert,
DM 4,80
Lirum, Larum, Löffelstiel. Ein Kinder-Kochkurs. (5007) Von Ingeborg Becker, 64 Seiten mit Abbildungen, durchgehend
vierfarbig, Spiralheftung, **DM 7,80**
Zeichnen lernen mit OSKAR. Kleines Tier-ABC von Affe–Zebra. (5054) Von OSKAR, 64 Seiten, 60 Abbildungen, durchgehend
zweifarbig, kartoniert, **DM 5,80**

RAT & WISSEN FÜR DIE GANZE FAMILIE

Von der Verlobung zur Goldenen Hochzeit
Vorbereitung · Festgestaltung · Glückwünsche
(0393) Von Elisabeth Ruge, 120 Seiten, kartoniert,
DM 6,80

Die 12 Sternzeichen
Charakter, Liebe und Schicksal
(0385) Von Georg Haddenbach, 160 Seiten, Pbd.,
DM 9,80

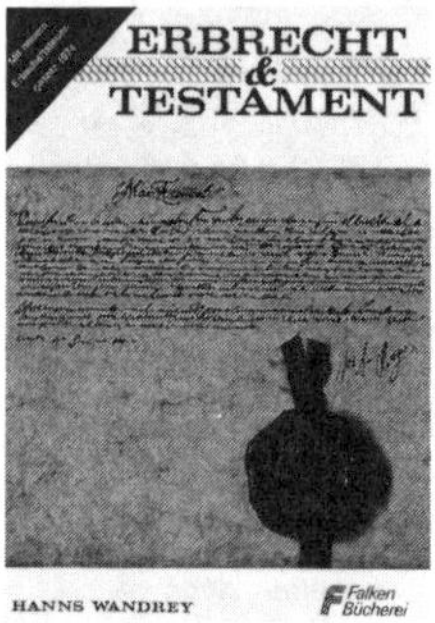

Erbrecht und Testament
mit Erbschaftssteuergesetz 1974
(0046) Von Dr. jur. H. Wandrey, 112 Seiten, kartoniert,
DM 6,80

Wie soll es heißen? (0211) Von Dr. Köhr, 88 Seiten, kartoniert, **DM 4,80**
Vorbereitung auf die Geburt. Schwangerschaftsgymnastik, Atmung, Rückbildungsgymnastik. (0251) Von Sabine Buchholz, 112 Seiten, 98 Fotos, kartoniert, **DM 6,80**
Ich bekomme ein Kind. (4003) Von Ursula Klamroth und Wibke Bruhns, unter Mitarbeit mehrerer Fachärzte, 268 Seiten, 92 Abbildungen und 29 Grafiken, gebunden mit vierfarbigem Schutzumschlag, **DM 18,–**
Dr. Marianne Röhls **Sexualberatung.** (0402) Ca. 176 Seiten, 8 Farbtafeln, Zeichnungen, Pappband, ca. **DM 16,80**
Scheidung und Unterhalt nach dem neuen Eherecht. (0403) Von Rechtsanwalt H. T. Drewes, 104 Seiten mit Kosten- und Unterhaltstabellen, kartoniert, **DM 7,80**
Handbuch für den perfekten Haushalt. 1000 bewährte Tips und Kniffe. (4036) Von Vicky Baldner, 348 Seiten, durchgehend zweifarbig gedruckt, 109 Zeichnungen, gebunden mit vierfarbigem Schutzumschlag, **DM 29,80**
Umgangsformen heute. Die Empfehlungen des Fachausschusses für Umgangsformen. (4015) 312 Seiten, 167 Fotos und 44 Abbildungen, gebunden mit vierfarbigem Schutzumschlag, **DM 24,–**
Selbst Wahrsagen mit Karten. Die Zukunft in Liebe, Beruf und Finanzen. (0404) Von Rhea Koch, 112 Seiten mit vielen Abbildungen, Pappband, **DM 9,80**
Die 12 Tierzeichen im chinesischen Horoskop. (0423) Von Georg Haddenbach, 112 Seiten, kartoniert, **DM 5,80**

BESTELLSCHEIN

FALKEN VERLAG

(Bitte ausschneiden und als Briefdrucksache frankiert im Umschlag einsenden).
Ich bestelle hiermit aus dem Falken-Verlag,
Postfach 1120, 6272 Niedernhausen/Ts., durch die Buchhandlung:

_____ Ex. _____
_____ Ex. _____
_____ Ex. _____
_____ Ex. _____
_____ Ex. _____

Name:
Straße: _____ Ort:
Datum: _____ Unterschrift: